「近現代史」を子どもにどう教えるか

平井美津子
山元研二
著

高文研

「近現代史」を子どもにどう教えるか◉目次

第I部　これだけは学んでおきたい「近現代史」

第Ⅱ部　歴史教育と歴史学

はじめに

みなさんは、日本の近現代史にどのようなイメージを持っているだろうか。

「学校で習ったけど複雑すぎて全体のイメージがつかめていない」

「入試前に駆け足で習ったためあまり記憶にない」

「高校で日本史を履修しなかったので、中学校レベルの知識しかない」

など、日本の歴史の中で近現代史が「すっぽり抜け落ちている」と考える人も多いのではないだろうか。


ペリー来航による開国あたりを日本の近代の始まりと考えるならば、近現代史はすでに一七〇年以上を経過していることになる。それをひとくくりにして「どのようなイメージを持っているだろうか」と聞かれても、あまりに多くの出来事が思い出されてそれに答えるのは難しいのかもしれない。

そこで、時代ごとにちょっと区切って考えてみよう。「元号で分けるのはいかがなものか」という考えもあるかもしれないが、ここでは「イメージしやすい」ように便宜上区切ってみたいと思う。

例えば、明治。「列強に追いつけ追い越せとがむしゃらに頑張った時代」と思う人もいるのではないか。司馬遼太郎の『坂の上の雲』はそういうイメージであろう。しかし、『富国強兵』のスローガンのもと近代化に突っ走る裏側で弱い立場の人がたくさん犠牲になった」と思う人もいるのではないか。侵略戦争の犠牲となった朝鮮や台湾の人びと。大日本帝国に力ずくで組み込まれた北海道のアイヌや琉球の人びと。山本茂実《しげみ》の『あゝ野麦峠』に描かれた女工たちなど……。

大正はどうか。大正デモクラシーという言葉に代表されるように「民主主義的動きが広がった」という評価をする人が多いかもしれない。しかし、第一次世界大戦や植民地政策から「民主主義は内側だけで対外的には帝国主義一辺倒」という評価をする人もいるかもしれない。

さて、昭和はどうか。昭和は六三年の長きにわたっているので、さらに戦前、戦中、戦後に分けてみることにする。

戦前。「不況から軍国主義、戦争へと向かう暗い時代」のイメージが強いが、「モダンガール、モダンボーイが闊歩し、都市文化が発達した時代」でもあった（筆者註：「軍国主義」とは侵略戦争を美化、合理化したり、国民を侵略戦争に動員することをねらう考え方）。

戦中はその名の通り「戦争の真っ最中」で、「個人の命よりも、天皇を中心とする国家の存続が最優先された」軍国主義一色の時代。それがこの時代の「異常」なところでもある。

戦後はどうか。「復興をなしとげ、平和で民主的な時代が到来」というイメージが強いかもしれないが、「高度成長の裏側に公害があり、平和の裏側には安保があって沖縄はその犠牲を強いられている」というイメージも強いかもしれない。

平成はどうだろうか？

そして令和は？

以上見てきたように、歴史は視点を変えることによっていろいろな見方ができる。その複雑で多様な歴史がある中で、多くの国には「ナショナルヒストリー」というものが存在する。「国のなりたち」や「国の発展・成長」を基軸とした歴史で、日本の学校では学習指導要領の目的に沿った検定済みの歴史教科書がそのテキストとして活用されている。しかし、その目的に合わないとされた出来事や人物は掲載されなかったり、記述が実態とあわないものもある。

本書では、「この国の近現代史を学ぶにあたってどうしても伝えたい」と思うことをテーマごとに解説する形をとっている。歴史の「影の部分」「暗部」が多いとすれば、それは現在の教科書に「抜け落ちている」「不足している」からだと理解していただきたい。

子どもたちのよりよき未来のために、子どもたちと共に近現代史をふりかえることにしよう。

山元　研二

prologue1
なぜ「近現代史」を学ぶことが重要なのか

「歴史総合」の誕生の背景

今の高校生は「歴史総合」という教科が必修となっている。これまでの「日本史」「世界史」と何が違うのか。大きく分けると二つの特徴がある。

ひとつは、「世界史」と「日本史」が別々ではなく、一緒に扱われているということ。それは、単に「世界史」と「日本史」の融合ということではなく、「世界と日本との関わり」に注目した構成になっている。以前から、「世界史の動きがつかめないと日本史の動きはわからない」のが歴史、特に近現代史を学ぶうえでの常識となっている。例えば、「なぜペリーは日本に開国をせまったか」「日露戦争の前に日英同盟が結ばれたのはなぜか」「なぜ大正時代に民主主義の動きが広まったか」という問いに対しては、当然、当時の世界の状況が理解できないと答えられないはずである。

もうひとつは、「学ぶ内容が近代以降に絞られている」ということである。これまで「歴史を学ぶ」際には、旧石器時代に始まって古い時代から順を追って学ぶことが常識であった。ところが、「歴史総合」では、古代、中世、近世をやらずに「近現代」を学ぶ時代の対象とした。その理由のひとつに挙げられているのが、これまで「日本史」「世界史」で学ぶ「知識の量が多すぎた」ということである。読者のみなさんの多くはきっと「日本史」「世界史」は「とにかくたくさん覚えないといけない教科」として記憶に残っているのではないだろうか。「こんなことを覚えて何の役に立つのだろう」――そう思った読者も多いはず。そこで、全体の量を削るためにも学ぶ内容を「近代」以降に絞ったというわけである。「近現代」は、私たちの生活様式、ものの考え方に直接大きく関わっている時代である。「歴史総合」を学ぶ際の三つのキーワードである「近代化」「大衆化」「グローバル化」はこの時代を見つめる視点として重要だと考えられる。

「近現代史を学ぶことは今の私たちの生活、考え方を考える重要な足がかりとなる」のは「歴史総合」同様にこの本においての重要なテーマと言える。

長いスパンで考えるということ

「戦争はなぜ始まったか」というのは近現代史を考えるうえで重要な問いである。日中戦争以後、日本はＡＢＣＤ（アメリカ、イギリス、中国、オランダ）包囲網に囲まれ、「やむにやまれず」アジア太平洋戦争に突き進んでいったという考えもあり、実際そのように教える歴史の教師もいるはずである。

しかし、明治以降の歴史を考えると、台湾出兵、日清戦争、日露戦争、第一次世界大戦、満州事変など一貫して「大陸侵略政策」があり、その延長にアジア太平洋戦争もあるという考えもあり、当然そのように教える歴史の教師もいるはずである。

この本では、近現代という大きなスパンで歴史を見てみたいと考えている。例えば、「男女平等を求めて」の歴史。男女平等の選挙権が憲法で保障されたのは、戦後であるが、明治の頃から「女性の権利拡大」を求める動きは存在した。「公害」においても、高度経済成長期の水俣病、イタイイタイ病、四日市ぜんそく、新潟水俣病の四大公害が有名であるが、明治に田中正造が告発した足尾鉱毒事件があったこともみなさんご存じのはず。沖縄の反基地闘争の背景に、琉球侵略や沖縄戦があることも決して忘れてはならない事実であろう。

「事件」や「課題」の多くには歴史的背景があり、その多くがこの「近現代史」と関わりがあるということがわかっていただけるのではないだろうか。

多様性を考える

近代は「国民国家」が前提となった時代である。「ひとまとまりの国民がいて、きちんと区切られた国境に囲まれて、統一された政治制度と近代的に武装された軍隊を持つ」――そういう国が世界中に誕生したのがこの「近現代史」の特徴である。そして、教育や情報統制の中で「この国はもともとそういう国なんだ」という「大きな物語」が作られることもある。

しかし、はたしてそうだろうか。「近現代」になって日本に組み込まれた地域がある。ひとつは、北海道。もうひとつは沖縄である。北海道は江戸時代までは松前藩による支配はあったにせよ、その土地に住んでいたのはアイヌの人びとである。明治政府は、「北海道をロシアに取られてはならない」と囚人、屯田兵、開拓民を次々に送り込み、アイヌの人びとの土地と生活を奪い、日本領土に組み込んでいった。先住民はアイヌの人びとであり、日本は決して「単一民族国家」ではない。沖縄に至っては、琉球王国というれっきとした独立国であったにもかかわらず、江戸時代の薩摩藩による間接支配を経て、一八七九年の「琉球処分」により日本領土に組み込まれてしまった。

そのように、江戸時代各藩による「連邦国家」の体を為していた日本列島を、明治政府は、かなり強力に中央集権的に統一国家を作りあげようとしたが、北海道や沖縄のように独自の歴史、文化を持つ地域があることを決して忘れてはならない。

対外関係

中国や韓国など周辺諸国との関係が話題になることも多いが、このような対外関係についても「近現代史」の中で考えることが重要である。

日本は古代以来、中国を手本としてきた歴史がある。鎖国政策をとっていた江戸時代でも中国はオランダ同様例外であった。韓国とともに最もつきあいの長い国のひとつである。しかし、日本が、明治以降、近代国家の体を為しつつある時代あたりから中国との関係は変化し、一八九四年には日清戦争により戦火を交えることになる。その後の日本は間違いなく中国への侵略を進めていく。日露戦争は「韓国支配」をめぐる争いであり、第一次世界大戦では火事場泥棒的に「二一カ条の要求」をつきつけた。満州事変、「満州国」建国、日中戦争と続く流れはみなさんよくおわかりなのではないか。

韓国との関係においても、「近現代史」の中で考えることが重要である。明治のはじめ「征韓論」というものがあった。やりかたに違いはあったが、「開国の要求をのまない朝鮮はけしからん」という発想は共通していた。アメリカに力ずくでこじあけられたやりかたをそのまま朝鮮に押しつけようとしたものと考えられる。日清戦争は、朝鮮半島の支配権を争ったものであり、日露戦争によりロシアの干渉も斥《しりぞ》け、軍事力を背景に韓国を併合した。伝統的に友好関係にあった隣国を力ずくで植民地にしてしまったのである。本書においても、特にこの韓国との関係にはこだわっている。「韓国併合」「3・1独立運動」「関東大震災と朝鮮人虐殺」「慰安婦」。これからの「対外関係」を考えるうえで重要な指摘・学びになるものと考えている。

人びとに学ぶ

歴史の出来事の中で人間が数字で語られることがある。犠牲者数、戦死者数など、おびただしい人間の命が簡単な数字で示される。当然だが、この数字の一つひとつに人生があったことを忘れてはならない。私たちがこの本で取りあげたテーマの多くは「命と尊厳」に関わることに読者のみなさんは気づかれると思う。

本書で取りあげたハンセン病の患者は明治の終わりには「外国人にその姿を見せるな」と一部の患者が療養所に隔離された。「一等国として恥」と考えたからである。昭和の初めには「強烈な伝染病だから」とほぼすべての患者を強制的に療養所に隔離した。「この世から絶滅させる」ためであった。そして、日中戦争・アジア太平洋戦争の敗戦後、「基本的人権の尊重」を掲げる日本国憲法下でも隔離政策は継続した。この隔離のもととなった「らい予防法」が廃止されたのが一九九六年。その隔離政策が憲法に違反していたことが裁判によって確定したのが二〇〇一年。ついこないだのことである。この近現代史の中で偏見・差別・迫害を受けてきたハンセン病患者やその家族の思いを想像してもらいたい。

このハンセン病訴訟を始めるよう訴えたのは患者たち自身であった。本書には、そのように「たたかった人びと」も登場する。その「たたかい」がいかに私たちの「命と尊厳」につながっているかもわかってもらいたい。

選択と判断

歴史を学ぶ目的は何か？　古くて新しい問いである。E・H・カーは「歴史は過去と現在の対話である」と言った。ヴァイツゼッカーは「過去に盲目となる者は現在にも盲目となる」と言った。どちらも「歴史を教訓とすべき」という発想が根底にある。「長い歴史の間で、人間は数々の過ちを犯してきた。その事実に謙虚に学ぶことにより、過ちを防ぎ、よりよき未来を築くことができる」ということである。

しかし、今かなりニュアンスの違う言い方をする歴史家も出てきた。日本を代表する大学で教えた日本近代史研究者の伊藤隆は「歴史に学ぶ必要はない」と言った。歴史教育は、「反日を作らないこと」とも言った〈ドキュメンタリー映画『教育と愛国』〈監督・斉加尚代〉二〇二二年より〉。つまり、「日本を嫌いにならない子ども、日本を愛する子どもを育てることが歴史教育だ」ということである。

読者のみなさんは、どちらの立場に立って歴史をふりかえるのだろうか。

今、「歴史をどう考えるか」について多くの議論がなされている。その中で、私たちが気をつけなければならないことは「歴史は作られる」ということである。歴史書も、誰かのねらいで、誰かの目的で書かれていると言ってよい。恣意的に事実をねじまげることもある。

世界の中では、自らの支配体制に都合の良い歴史を教育や情報の中で国民に押しつけている国も少なくない。

そんな中、歴史家は、新たに発見された史・資料を批判的に分析しながら新たな「歴史」を提示していく。

しかし、その「歴史」にも何らかのねらい、意図があるのは間違いない。

では、私たちはどうすればよいのか。私たちが、歴史に騙されず、歴史に学び、歴史を教訓としてより良き未来を作っていくには、私たち自身が、歴史を見つめ、歴史を語り、歴史を作っていく「歴史の創造者」になっていくべきではないか。

日本は国民主権の国である。主権者とは私たち一人ひとりである。その一人ひとりがこの近現代史における数々の事実に学び、先人たちの「選択」と「判断」をふりかえり、これからの「選択」と「判断」に生かしていくことが何より重要なことではないだろうか。

prologue2

なぜ「近現代史」を教えることは難しいのか

日本の歴史の中で近現代史ほど政治によって否定され、歪曲され、ねつ造されてきた歴史はないのではないだろうか？　特に、南京大虐殺、沖縄戦「集団自決」、日本軍「慰安婦」、強制連行に関しては、保守的な政治家たちが常にターゲットとして否定的な論を展開してきた。これらの歴史を否定しようとする人びとは、メディアを使い、「〇〇はなかった」「教科書が教えない〇〇」などのセンセーショナルなタイトルをつけて歴史学研究に基づかない自らの政治主張を宣伝している。この影響は子どもたちが教材として使う教科書記述に最も端的に表れている（本書二七二頁参照）。

一九九一年に金学順が自ら「慰安婦」だったと実名で名乗り出たときには、多くのメディアが彼女の境遇に思いを寄せた記事を書き、それを知った人びとの中に共感が広がった。しかし、その後発足した「新しい歴史教科書をつくる会」の人びとは、「今頃騒ぎ出したのは『金ほしさ』のためだ」と主張し、被害者を貶めるキャンペーンを展開しはじめた。

在日朝鮮人として初めて日本政府を相手取って訴訟を起こした宋神道は「オレは謝ってもらいてえ。

謝ってもらえればそれでいいんだ。金目当てじゃないってことをわかってもらいてえ」と語っている。しかし、それでも宋に対して、「文句があるなら韓国へ帰れ」「金が欲しくて裁判始めたんだろ。もう金はもらったか」などという陰口が叩かれたのだ。宋は「慰安婦」にされて人生の大切な時を奪われただけでなく、戦後も貧困の中を生き、訴訟に対しても心ない攻撃を受けてきた。これはどこに起因するのだろう?

日本人の戦争認識

二〇二三年、映画『ゴジラ-1.0』、『ほかげ』が相次いで公開された。敗戦後の日本社会で、行き場を失い精神的に病む帰還兵、空襲で家族をなくした子どもや女たちの姿が描かれ、当時の人びとが抱いた「ひどい目にあった」「もう戦争はまっぴらだ」という感情が伝わってくる。しかし、「あの戦争は侵略だった」「日本軍が侵略した地で、そこに住む人びとをひどい目にあわせた」という認識はかけらもない。それが、敗戦後の日本社会に定着した考え方だったのではないだろうか。

筆者(平井)の母は一九三二年生まれで、南京陥落(一九三七年一二月)の際に「万歳」をしながら提灯行列をした記憶を持つ。子どもながらに日本が勝ったことを喜び、あの戦争を正しい戦争と信じていたと言う。しかし、その後の大空襲を経て焼け野原になった東京を見、そこから塗炭の苦しみの中で生活を復興させてきた母の世代には、戦中や戦後の苦労はあっても、あの戦争そのものの真相を振り返るような機会はなかった。内地で戦争を体験した人の口からは空襲と疎開、食糧難の苦労話ばかりが語られた。戦地から帰った兵士は、ある者は戦地での手柄話を語り、ある者は一切戦地の話はしなかった。一九四六年から始まった極東国際軍事裁判（東京裁判）で死刑判決を受けた東条英機は法廷で敗戦の自らの責任は認めても、日本の侵略は認めずに謝罪もしていない。東京裁判が終わると、「戦争責任の問題はこれで終わった」という気分が社会に広がったとジャーナリストの上丸《じょうまる》洋一は記している。

歴史学者の山田朗《あきら》は、戦争の〈表の記憶〉と〈裏の記憶〉として次のように述べている。〈表の記憶〉とは、戦争の〈栄光〉の部分、戦争の〈被害〉の部分であり、比較的受け継がれやすい。一方、〈裏の記憶〉である〈秘匿〉と〈加害〉はほとんど語りつがれないだけでなく、このような〈記憶〉を抹消しようとするベクトルさえ働くことがしばしばある、と（山田朗『兵士たちの戦場―体験と記憶の歴史化』）。

戦争の〈表の記憶〉の陰で抹殺され、なかったことにされようとしてきた〈裏の記憶〉を掘り起こすことが〈戦争の記憶〉を再構成し、近現代史の中でも語られにくい加害を含めた戦争の全貌を歴史化していくことにつながるのではないだろうか。そして、戦争を是とする社会を下支えしたものとして、当時の人びとがどのような社会認識を持っていたのかということを問うていく営みが今まさしく必要だろう。

日本の社会で生きた人の記憶を

「チョーセン、チョーセン、帰れ、帰れ」（中略）
「チョーセン」とは何のことか、なぜ「チョーセン」である自分がこの日本にいるのか、どこに帰れというのか、何もわからないまま、泣くまいとして口をへの字にまげて帰宅すると、何も言わないうちに母はすべてを見通して、無条件に、ただ無条件に私を抱き締めたものだ。ことの経緯を聞くでもなく、ケンカの理由を問うでもなく、理由の如何にかかわらずケンカはいけないなどと退屈な市民道徳を諭すこともなく、ただ無条件に私を抱き締め、母は低い声で私の耳に何度も何度も繰り返した。
「チョーセン、悪いことない、ちょっとも悪いことないのやで」

これは、徐京植が自らの母親のことを綴った「母を辱めるな」（徐京植『日本リベラル派の頽落』所収）の一部だ。徐は京都生まれの在日朝鮮人で、韓国の軍事独裁政権に反対して逮捕拘禁された二人の兄の解放のために活動し、多くの著作を通じて在日朝鮮人がどう生きるべきかを示した作家だった（二〇二三年没）。
徐の父方の祖父は日本が朝鮮を植民地支配していた時代に、朝鮮から渡ってきた。廃品回収を生業とし、徐の父は自転車屋の丁稚になった。当時の朝鮮の農村では、日本の植民地支配の中で、朝鮮総督府による「産米増殖計画」のもと、朝鮮人農民は米の生産量が増えたにもかかわらず、その米は日本に運ばれ、自らは土地を手放し、没落していった。徐の母方の祖父も同じころ京都にやってきた。徐は、前述した宋神道と自分の母を重ねて見る。宋と徐の母は同い年で同郷の生まれだった。徐の

放火された在日朝鮮人の集住地区ウトロ（京都府宇治市）の倉庫
（2021 年 8 月、撮影：本庄豊）

母は京都に渡り農家の下働きをしていた父親に呼び寄せられ、故郷の朝鮮を離れたが、もし朝鮮に残っていたら宋のような運命にあっていたかもしれない。徐の母は小学校にも行けず、八歳から西陣織の機屋に子守奉公に行った。徐の両親は一九四〇年に結婚し、差別と貧困の中で子どもを育てた。日本の敗戦後、徐の父は帰国せず、小さな町工場を営んだ。

「韓国併合」後の日本社会を形作ってきた人びとの中には、徐の両親のように朝鮮をルーツに持つ多くの人びとがいた。日中戦争・アジア太平洋戦争が終わり植民地支配は終わった。しかし、終わったと言えるのだろうか？　日本の敗戦後、冷戦のはざまで翻弄された朝鮮人たちは、身の置き所もなく、貧困にあえぐしかなかった。朝鮮戦争・ベトナム戦争による特需、高度経済成長と日本は発展していったが、その陰ですっかり日本の戦争責任も植民地支配責任も置いてきぼりにされてきたのではないだろうか。

ヘイトスピーチが社会問題になって一〇年以上が経

とうとしている。そして、この間、在日朝鮮人の集住地区であるウトロ（京都府宇治市）をはじめ各地でヘイトクライムが起き、朝鮮学校の無償化排除という官製ヘイトまで起きている。この根底にあるのは、日本近現代史の中でも特に朝鮮をめぐる問題というものが置き去りにされてきたことに他ならない。

近現代史を教えることを難しいと身構える前に

現在の中学校の教科書では明治維新から日本の日中戦争・アジア太平洋戦争敗戦までの授業を数えると約半数の時間が戦争に関する単元となっている。それほど日本の近現代史は戦争に席巻されていたのだ。領土の拡張と戦争に次ぐ戦争の歴史と言える。生徒たちにしても、近現代史になった途端、その記述に辟易するものも少なくない。教える側も、工夫がいるのが正直なところだ。しかし、記述が詳細になればなるほど、国家間の対立ばかりに目を奪われ、そこに生きる人びとのことに気づかない状況がある。戦争は単なるパワーゲームではない。戦争の時代を生きていた人びとの生活が見える学びを作っていかなくてはならない。だからこそ、植民地支配のもとで生きた人びと、兵士、「慰安婦」、銃後の女性、子どもたち――それぞれの姿を紹介することによって、戦争のリアルを考えさせたいのだ。そのためには、教科書だけに頼ることはできない。

近現代史を教えることは残酷なことを教えることだと考える人もそれなりにいるだろう。もちろん、日本の加害に関しては往々にしてそういった問題は出てくる。しかし、学んでほしいこと、教えたいことは日本軍がいかに残酷だったかではないのだ。虐殺や強姦、略奪といった問題が起きる背景なのだ。

一介の市井の人間として武器すら持ったことがなかった人間が召集され、初年兵として中国の人びとを練習台に刺突訓練を強制され、いつの間にか人を人とも思わない兵士になっていく。いつ終わるかもわからない長い中国戦線の中で略奪や強姦を行う兵士。自らの生活の場が突然戦場になることによって起こる婦女子や老人の被害。戦場を連れまわされる「慰安婦」たち。これらの事実を語ることそのものも大切だが、それがなぜ起きたかを考えさせることが目的なのだ。当時の日本人の中国人や朝鮮人、占領地の人びとや女性へのまなざしがどういうものだったかを気づかせたいのだ。そして、それを戦争だったから仕方がなかったで終わらせてはならない。

実際、こういった問題に関して教えさせまいとする社会的なベクトルが働いていることは否定できない。また、最近の生徒たちの中には、戦争の授業に関して心的ストレスを感じる生徒も少なくない。だからこそ、一人ひとりの人生を語り、今の自分と同じように大切な人生があったことに気づかせていくことから、戦争がもたらしたものについて考えさせたい。そのことによって近現代史の学習の難しさを克服できるのではないだろうか。

【学びを深めるために】

- 山田朗『兵士たちの戦場―体験と記憶の歴史化』岩波書店、二〇一五年
- 徐京植『日本リベラル派の頽落』高文研、二〇一七年
- 上丸洋一『南京事件と新聞報道―記者たちは何を書き、何を書かなかったか』朝日新聞出版、二〇二三年

column

狙われた「慰安婦」問題の授業

首長や議員による教育への政治介入

筆者（平井）は一九九七年にすべての中学校歴史教科書に「慰安婦」が記述されてからこれまで、「慰安婦」に関する授業を継続して行ってきた。

二〇一八年一〇月三日、共同通信配信のシリーズ「憲法マイストーリー」で筆者の「慰安婦」をはじめとするこれまでの授業が取り上げられ、高知新聞などを皮切りに各地の地方紙に記事が掲載された。見出しは社によって多少の違いはあるが、「自分が慰安婦にされたら」「慰安婦　もし自分なら」という当事者性を問うタイトルが付けられた。

吉村大阪市長（当時）は二〇一八年一〇月一〇日、自身のツイッターで「世界の性暴力や女性差別問題を生徒に教育するのは賛成だ。しかし、慰安婦問題を扱うこの教諭は、先の国会で河野太郎外務大臣（当時。「河野談話」を発表した河野洋平・元内閣官房長官の長男）が「史実に反する」と答弁した事実は生徒に伝えてるんだろうか。歴史学者の反対の立場を生徒に伝えてるんだろうか。公立公務員の教員の授業だ。新文科人臣はこの現状を知ってくれ」と発信した。吉村氏のツイートが〝犬笛〟になった（筆者註：「犬笛」とは犬の訓練に使用される笛のことで、特定の周波数で犬を操る時に使う。その比喩として、政治家やSNSのインフルエンサーが特定の支持層に伝わるような言葉や表現を用いて煽動すること）。

「この先生は在日の方？　嘘を教材に使わないでください」

「慰安婦なんてただの売春婦」

「学校に抗議の電話していいよね？」

「この学校の前でデモしようぜ。子どもに嘘を教えるなって」

といった言葉とともに吉村市長のツイートは拡散されていった。学校の電話も鳴り始め、職員室で電話対応に追われる事態となった。

大阪府議会教育常任委員会でこの問題が取り上げられ、「学校現場への過度な介入ではなく、学校の主体性を尊重することこそ重要」と擁護する共産党府議もいる一方、他の議員は個人攻撃に近い質問を浴びせかけた。

「この記事に書かれていることが本当ならば大問題」と問う自民党の府議。この府議は記事のどの記述のどこに問題点があるのかを事実に即して指摘していないにもかかわらず、大阪府教育委員会の小中学校課長は「記事にある授業の内容が事実であるならば、不適切であると考えております」と述べた。

大阪維新の会の府議も「これはまったくの思想教育だ……この教諭は教師ではない、活動家だ」と支持者の声を紹介しながら、「ゆゆしき問題」と追及した。これに対して、大阪府教育委員会は「市町村教育委員会に対しまして、調査、把握、指導をしたい」として、調査を約束した。

この府議たちの追及は、教育基本法第一六条にある「不当な支配」に該当する。自分たちが教えさせたくない事項について、権力を用いて圧力をかけているのだ。本来、大阪府教育委員会は不当な支配に屈することなく、学校における教育課程の防波堤にならなければならないはずだ。ところが、大阪維新の会や自民党といった大きな力をもつ政党の政治家の発言に対して、まともな調査すらしない段階で、公立中学校の一人の教師の授業を「不適当」と断罪した。

こういった問題は、筆者に関することだけではない。二〇〇三年に東京都立七生《ななお》養護学校では都議や都教育委員会からの性教育介入事件が起き、多くの教職員が処分されることになった。二〇〇五年には、子どもの学習権と教職員・保護者の教育権、憲法・教育基本法・子どもの権利条約を守るために、教職員や保護者が提訴し、一三年一一月に最高裁第一小法廷は、この事件に関し、都議・都教育委員会の行為を違法とし、教職員・保護者の勝訴が確定した。七生養護学校裁判の判決は学校現場に対する教育への不当な支配に対して、大きな意味をもつものだ。この判決に照らしてみれば、筆者への府議らによる質問は教育に対する不当な政治介入であることは明らかだ。

「もう二度と『慰安婦』を教えないと言ってください」

二〇一八年一〇月中旬、「保護者向けプリントに『平井先生はもう慰安婦の授業はしない』と入れたいんです。もう二度と『慰安婦』を教えないと言ってください」と、管理職から唐突に言われた。

筆者はこれまでも沖縄戦「集団自決」や「慰安婦」を授業で取り上げ、様々な圧力を受けてきたことはあったが、管理職から「教えるな」と言われたことはなかった。ユネスコの「教員の地位に関する勧告」にある「教員は、職責の遂行にあたって学問の自由を享受するものとする。教員は、生徒に適した教具及び教授法を判断する資格を有しているので、教材の選択及び使用、教科書その選択並びに教育方法の適用にあたって、承認された計画のわく内で、かつ、教育当局の援助を得て、主要な役割が与えられるものとする」という条文は管理職ならば必ず理解しているはずだ。その理念を踏みにじる発言に耳を疑った。

「教育課程の編成権を放棄することになります。私はそれだけは絶対に容認できません」と粘り強く交渉した末に、最終的には、「慰安婦の授業はしない」という文言をプリントには入れないということで収まった。

しかし、その後も管理職は執拗に『慰安婦』の授業をしないでほしい」と言い続けた。管理職の頭には、学校に対する世間からの否定的な反応を鎮静化させ、生徒や保護者らの動揺を収めることしかなかった。彼らには電話やファックス、メール（ほとんどが匿名もしくは名乗らない）による抗議や府議会や市議会での議員による追及が、「不当な支配」にあたるという認識もなく、家永教科書裁判における杉本判決（本書二七四頁参照）で認められた教師の教育の自由を守るという意識もなかった。

教育委員会の判断

二〇一九年三月末、市教育委員会に呼ばれ、一枚の文書を読み上げられ、渡された。そこには処分の内容と、最後に「訓告する」とあった。「訓告」の対象となったのは、管理職の許可を得ずに学校内での記者による取材を受けた件に関してであって、「慰安婦」授業の可否については一切触れられていなかった。その日の午後から大阪府教育庁で教育長会見があった。法律上の処分に当たらないものに対して、記者会見を行うことは異様である。しかし、大阪維新の会や自民党の議員からの突き上げを受けて、この異様とも言える記者会見が行われた。配付された報道資料には、筆者について、「指導内容については、学習指導要領に則らず、生徒の発達段階に配慮したものではなかったと判断できるものはない」「生徒に偏向した考え方を教えるようなものではなかった」と書いてある。「慰安婦」を教えてきたことは処分に当たるものではないと府教育委員会が判断したということだ。「慰安婦」を教えることに何ら問題がないことが証明された。

教育基本法の第九条にはあるべき教師の姿として、「絶えず研究と修養に励み」と記されている。研究と修養を積んだ教師が創意工夫のもとに教材開発をし、授業を作っていくことの自由が保障されることは自明のことだ。

二〇二二年五月一三日、映画「教育と愛国」が封切られた。この映画は教育と学問に対する政治介入を様々な面から取材して作られたドキュメンタリー映画だ。監督の斉加尚代《さいかひさよ》氏はロシアのウクライナ侵攻について「プーチン大統領は『戦争』ではなく『特別軍事作戦』と言い換え、反戦を唱えるロシア国民は拘束され、戦争という用語で報じるメディアが断罪される。プーチン氏の『見解』を批判する自由はない。『彼は歴史をプリズムを通して見ている』とロシア人ジャーナリストが解説するのを聞いて震え上がった。ゆがんだ歴史観は復讐心や憎悪を膨らませ、指導者を戦争へと駆り立てる現実に慄《おのの》くほかない」と語る（映画『教育と愛国』パンフレットから）。

ロシアでは情報も統制され、その統制された情報の中でプーチン大統領を支持する国民は少なくない。その姿は大日本帝国時代の大本営発表を信じ込まされた日本国民と同じではないだろうか。大日本帝国時代の国史や修身（道徳）の教科書は、中国を敵視し、中国への日本の戦争を「聖戦」と教えた。子どもたちは「聖戦」と教えられた戦争が侵略戦争であったことを知らないまま、あるいは戦場で死に、あるいは空襲で死に、あるいは孤児になり、何もかも失った。天皇のために命を投げ出すことが究極の国民道徳とした教育勅語やそれに基づく修身がどのような子どもを作っていったかを考える時、教育が果たす役割の大きさを改めて実感する。

平和教育は教師の責任——教え子を再び戦場に送らないために

大切にしている詩がある。それは大日本帝国時代の小学校教師だった竹本源治が詠んだ以下のものだ。最後にそれを記しておきたい。

戦死せる教え児よ

竹本　源治

逝《ゆ》いて還《かえ》らぬ教え児よ

私の手は血まみれだ
君を縊《くび》ったその綱の
端《はし》を私も持っていた
しかも人の子の師の名において
嗚呼！
「お互にだまされていた」の言訳が
なんでできよう
慚愧《ざんき》　悔恨《かいこん》　懺悔《ざんげ》を重ねても
それがなんの償いになろう
逝った君はもう還らない
今ぞ私は汚濁《おだく》の手をすすぎ
涙をはらって
君の墓標に誓う
「繰り返さぬぞ絶対に！」

第Ⅰ部

これだけは学んでおきたい「近現代史」

1　「北は北海道から南は沖縄まで」

――植民地帝国を目指した明治維新

大日本帝国に組み込まれた北海道と沖縄

「日本列島のあらゆる地域に」という表現をする時に、「北は北海道から南は沖縄まで」と言う場合がある。千島列島を実質ロシアが支配している現状においては、日本国の領域がそこにあてはまるのは疑いのないところである。

しかし、北の北海道も南の沖縄も、その土地が日本国となり、そこの人民が日本人とされたのは近代に入ってからのことである。北海道の場合は、蝦夷地を北海道と改め開拓使を置いた一八六九年、沖縄の場合は、日本政府が抵抗する琉球を武力で鎮圧し廃藩置県を強行した一八七九年がその区切りの年とされている。

蝦夷地から北海道へ

統一した政権が、区切られた国境内の土地と人民を支配することを近代における「国民国家」とするならば、蝦夷地はそれまでどこの国のものでもなかった。一九世紀は、そういう土地を「無主《むしゅ》の地《ち》」（主のいない土地）と呼び、欧米列強が資源と市場を目的に奪い合う時代であった。蝦夷地に住んでいたのはアイヌと呼ばれる人びとであったが、統一した政権はもたず、それぞれ小さな集落（コタン）を形成して狩猟や漁労を中心とする生活を営んでいた。江戸幕府は、直接支配することはせず松前藩を通してアイヌの人びとと交易をする形で交流していた。その松前藩は、各地の港でアイヌの人びとと交易を行う「場所請負制」と呼ばれるやりかたで蝦夷地と関わっていたが、決して対等な立場を取っていたわけではなかった。特に交易においてアイヌの人びとにとって不利益な交換比率を要求することがあり、江戸時代にはシャクシャインの戦い（一六六九年）などアイヌの人びとが大規模な抵抗をすることもあったが、そのつど松前藩は武力で鎮圧し、次第にその支配を強めていった。

幕府が滅び、明治になると新しく成立した政府は、蝦夷地の支配と開拓を急いだ。最大の理由はロシアに対抗するためであった。ロシアは「無主の地」である蝦夷地を領土とし、そこを南方への勢力拡大の拠点としたいと考えていた。

新政府は、明治に入ってすぐに蝦夷地の名称を正式に「北海道」と改め、その開拓の中心として開拓使という役所を置いた。

囚人、屯田兵、開拓民

北海道は、当時ほとんど原生林に覆われていた。雪の多い酷寒の地でもあり、決して人が住むのに適した土地ではなかった。その北海道の開拓に強制的に送り込まれたのが囚人である。戊辰戦争や西南戦争で新政府軍に敗れた「国事犯」（政治犯）を中心とする囚人は、苛酷な環境の中、原野を切り拓き、道路や鉄道の建設あるいは鉱山における強制労働を強いられた。北海道各地には、「囚人道路」と呼ばれる道路が存在している。屯田兵は、開墾とロシアに備える兵力と両方の役割を担わされた。

没落士族（戊辰戦争で敗れた側や四民平等で特権を失った武士たち）を中心に最初は東北・北陸など寒冷地の人びとが多かったが、さまざまな理由により全国各地から北海道を目指した旧藩の士族がまとまって移住した地域もあり、「伊達」「鳥取」など旧藩の名前が地名として残されている地域もある。しかし、与えられた土地によって明暗がはっきり分かれ、旭川や札幌などが農業に適した土地であったのに対し、室蘭や釧路、厚岸などは農業に適した土地ではなく、生活の糧をさがして「塗炭の苦しみ」を味わったとされている。そんな中、開拓に成功する者もおり、一八九七年には北海道国有未開地処分法が制定され、開墾、牧畜などに成功した者には無償で土地が与えられた。個人に対し、開墾には一五〇万坪、牧畜には二五〇万坪が、会社や組合にはその倍が貸し付けられたが、結局はそのような大規模開発が可能な大資本に有利な状況となり、主要な財閥（三井、三菱、安田）は北海道の開拓で財をなすことになる。

現在の北海道の平坦で広大な畑や牧場、森林などはこの時期に形成されたものであると考えてよい。

アイヌの人びとは

ご存じのように、北海道の先住民族はアイヌの人びとである。北海道の地名にアイヌ語に由来するものが多いのは、北海道のほとんどの土地がアイヌの土地であったことを証明している。しかし、明治に入って、大量の和人（内地の日本人）が北海道にやってきて、アイヌの人びとの生活の場であった原生林を切り開き、大規模な農地や宅地の開発を始めた。アイヌの人びとは、文字を必要としなかったため「ここは私の土地です」という証明書がなく、あっという間に土地を奪われ、時に強制移住させられた。開拓使は、アイヌの人びとに土地を貸し付け、農耕生活を強制しようとするが、生活の激変に対応できるはずもなく、結果として土地は没収されるなどして生活は困窮していく。

一八九九年に「北海道旧土人保護法」が制定されたが、これはアイヌの人びとを日本人にしていくという「同化政策」そのものであった。「土地の没収」「漁業、狩猟の実質禁止」「固有の習慣・風習の禁止」「日本語使用の強制」「日本戸籍への編入」等が進められ、和人による差別も存在し続けていた。例えば、明治期を代表する知識人とされている福沢諭吉は、その著書の中で「蝦夷人の子を養ふて何程《なにほど》に教育するも、其子一代にては迚《とて》も第一流の大学者たる可《べか》らず。」（一八七五年『徳育如何』）と述べている。つまり、「アイヌの子どもにいくら教育をしても効果はない」という意味である。

このような、明治政府のアイヌの人びとに対する「同化」政策から、北海道は「国内植民地」だったと考えてよい。実際に北海道で実施された政策は、台湾、朝鮮半島、満州など海外植民地でも実施されていった。

その「国内植民地」政策の最大の被害者はアイヌの人びとである。一九九七年に「北海道旧土人保護法」が廃止され、「アイヌ文化振興法」が制定された。これによりアイヌの人びとは北海道にもともと住んでいたことを意味する「先住民族」と認められたが、先住民であるがゆえに認められる権利である「先住権」が認められたわけではない。「国内植民地」の清算は終わってはいない。

台湾出兵から琉球併合へ

江戸時代、一六〇九年に薩摩藩の侵攻を受けた琉球王国は、それ以後それまでの朝貢にもとづく清国との関係と薩摩藩との関係の「二重支配」を受けることになる。琉球を介した貿易は、薩摩藩の倒幕のための資金調達に大きな役割を果たした。しかし、名目上、琉球王国は独立国であり、明治に入ってもそれは変わらなかった。

琉球併合のきっかけは、台湾出兵であった。一八七一年に琉球の船が暴風で台湾に漂着し、船に乗っていた琉球の宮古島住民五四名が台湾の原住民に殺害された。日本政府は、清国に抗議したが、清国政府は「原住民（生蕃）は、支配の及ばぬ『化外の民』であるから責任はない」と主張した。宮古島住人殺害事件から三年が経った七四年、日本政府は、建前は「報復」、本音は「領地獲得」という目的で台湾に出兵を強行した。結果、出兵はしたが、予想された清国との戦争は回避された。

その過程で、日本政府は事件の正統性を確保するために琉球を日本に併合する必要に迫られた。廃藩置県の流れの中、一八七二年、日本政府は琉球国王尚泰《しょうたい》を一方的に「琉球藩王」と呼び華族に編入するとともに琉球藩を設置した。そして、七四年には琉球の所管を外務省から内務省に移した。「琉球は独立国ではない」という宣言でもあった。このように、日本政府は、琉球側の抵抗を想定して徐々に「併合」への地ならしを進めていった。

一八七五年に清国皇帝が死去した。朝貢国である琉球は「代替わり」に際しては慶賀使を派遣する義務があった。そこを日本政府は好機とみた。「琉球処分官」松田道之を琉球に派遣し、「中国への朝貢の禁止」「明治という年号の使用」を命じた。七九年、松田は再度琉球を訪れた。軍隊、警官を率いていた。そして、ついに「沖縄県」の設置を宣告した。支配層を中心に抵抗の動きがあったが、日本側は徹底的に弾圧した。当然、清国はこれに抗議した。当初は、アメリカやイギリスも日本政府の強硬な動きを批判していた。その後、アメリカが仲介に入り和解案がいくつか示されたりもしたが、解決には至らなかった。この問題が最終的に解決したのは、日清戦争で日本が清国に勝利した時である。こうして、琉球は日本に併合されることになったのである。

国内植民地に対する謝罪、補償はどうなっているのだろうか

「姓・名」の強制、断髪、小学校、日本語の強制など、北海道のアイヌに対する「同化」政策と同様の政策が沖縄でも行われた。琉球併合を指揮した松田道之は、抵抗する士族に次のように伝えた。

人類館に「展示」された人たち（写真提供：那覇市歴史博物館）

「旧態を改めざるときは……亜米利加の土人、北海道のアイノ（ヌ）等の如きの態をなし、自ら社会の侮慢を受けるだろう」

差別的な視線をともなう「同化」政策は、北海道、沖縄を「国内植民地」と扱ったと判断して間違いないであろう。

一九〇三年に大阪天王寺で開催された第五回内国勧業博覧会では「学術人類館」を設置し、そこで朝鮮、台湾、マレー、ジャワ、アフリカの人びとに沖縄、アイヌの人びとを加えて民族衣装を着せて民族住居に住まわせて「展示」した。見世物として観覧させたのである。「人類館事件」と呼ばれている。

「国内植民地」である北海道、沖縄で実施された「同化」政策は、「成功体験」として、台湾、朝鮮半島や満州など海外植民地でも実施されていくことになる。「差別的視線」を伴いながら……。

「北は北海道から南は沖縄まで」という言葉は、北海道と沖縄の「犠牲」の上にたつ言葉である。日本の近現代史における北海道と沖縄の犠牲に対して、日本政府はその責任を明確にし、謝罪し、補償できているのであろうか。

以前「北海道開発庁」「沖縄開発庁」という中央官庁があった。現代史の中でも「開発」の対象であり続けた証拠とも言える。現在は「沖縄・北方担当」と言うようだが、なぜ他地域と別扱いになっているのか。長いスパンで考えてみる必要がある。

【学びを深めるために】

- 新崎盛暉『日本にとって沖縄とは何か』岩波新書、二〇一六年
- 新崎盛暉ほか『第5版　観光コースでない沖縄』高文研、二〇二三年
- 大田昌秀『醜い日本人─日本の沖縄意識』岩波現代文庫、二〇〇〇年
- 楳澤和夫『これならわかる沖縄の歴史Q&A』大月書店、二〇二〇年
- 清末愛砂・松本ますみ編『北海道で生きるということ─過去・現在・未来』法律文化社、二〇一六年
- 田畑宏・桑原真人・船津功・関口明『北海道の歴史』山川出版社、二〇〇〇年
- 小・中学生向け副読本編集委員会編『アイヌ民族：歴史と現在─未来をともに生きるために』公益財団法人アイヌ民族文化財団、二〇〇八年
- 北海道歴史教育研究会編『北海道の歴史散歩』山川出版社、一九九四年
- 小池喜孝『鎖塚─自由民権と囚人労働の記録』岩波現代文庫、二〇一八年

2　征韓論・脱亜論——隣国・隣人へのまなざし

はじまりは神話

書店の棚に「嫌韓論」やそれに類する本がたくさん並んでいる。ネット上にも朝鮮人に対するヘイトまがいの文章や画像・動画がたくさん登場する。

いつから日本にはこのように朝鮮を蔑視するような風潮がはびこるようになったのか？

そのはじまりはかなり古いと考えてよい。朝鮮を蔑視する歴史上の人物の言動を見ていくと、「古事記」「日本書紀」の記紀神話にたどり着く。神功皇后《じんぐう》の「新羅征伐《しらぎ》」「三韓支配」である。神話によれば、仲哀天皇《ちゅうあい》の妻であった神功皇后は天皇とともに九州の熊襲《くまそ》征伐に出かけるが、その戦いの最中に「新羅を討て」という神のお告げを聴いたという。仲哀天皇はそれを信じなかったので死んでしまい、かわりに神功皇后が武内宿禰《たけのうちのすくね》とともに新羅を征伐し、三韓（新羅、高句麗《こうくり》、百済《くだら》）を支配し

神功皇后札（1 円札、1881 年発行、日本銀行貨幣博物館蔵）

たという。神話の中の記述であるので、もちろん創作であるが、この記紀神話による神功皇后伝説は、その後の日本の歴史に少なからず影響を与えることとなる。

一五九二年、豊臣秀吉は朝鮮侵略のために九州の名護屋（現在の佐賀県唐津市・東松浦郡玄海町）に陣を敷いた。その際、多くの武将たちが秀吉の前で神功皇后伝説を披瀝し、朝鮮侵略の正統性を主張して、秀吉を大いに喜ばせたという。

その「神話」は近代日本にも引き継がれてゆく。ここでは、近代日本に関わる歴史上の人物の言動から、大陸侵略を正当化した「隣国・隣人へのまなざし」を検討することとしたい。

吉田松陰の征韓思想

「征韓論」というと、西郷隆盛が主張したことで有名であるが、木戸孝允《たかよし》をはじめ明治の新政府の中枢を占めた人物たちにほぼ共通する考えであった。その、新政府の中枢を占めた「維新の志士」たちに多大な影響を与えたのが、長州の尊皇攘夷思想家吉田松陰である。

松陰は一八五六年、弟子であり妹婿である久坂玄瑞《くさかげんずい》に送った手紙の中で次のように主張している。

「間に乗じて（当時、朝鮮政府に迫られていた開国を求める外圧や朝鮮政府に不満を持つ人びとによる内乱の混乱を利用して）、蝦夷（北海道）を墾《ひら》き、琉球を収め、朝鮮を取り、満州を拉《しだ》き、支那を圧し、印度に臨み、以《もっ》て進取の勢いを張り、以て退守《たいしゅ》の基《もと》を固くし、神功（皇后）の未だ遂げざりし所を遂げ、豊国（秀吉）の未だ果たさざりし所を果たすにしかず」（『幽室文稿』）

つまり、「蝦夷地、琉球をわがものとし、朝鮮を奪い、満州を皮切りに中国を征服し、その後はインドを狙え」ということである。そうすることが、「神功皇后、豊臣秀吉の果たせなかった夢を実現することになる」ということである。その後の大日本帝国による「国内植民地」「大陸侵略」政策がすべてこの短い文章に表現されているのがわかる。

この松陰の思想は、弟子たちに受けつがれた。木戸孝允、伊藤博文、山県有朋、山田顕義、品川弥二郎、青木周蔵らは新政府の中枢として「征韓論」にもとづく大陸侵略政策を推し進めた。

吉田松陰を思想家、革命家として崇拝する動きは現在にも見られるが、松陰が「征韓論」を唱え、「大陸侵略」により日本が「アジアの盟主」となるよう主張していた事実を忘れてはならない。

維新の三傑の「朝鮮へのまなざし」

西郷隆盛、大久保利通、木戸孝允の三人は「維新の三傑」と呼ばれている。一八七三年のいわゆる「征韓論争」の際に、この三人は「西郷」対「木戸・大久保」に分かれてしまう。「征韓派」対「内治派」の図式である。それでは、木戸、大久保は「征韓論」そのものに反対かというと、そうとも言えない。三人のうち最も強硬な「征韓」思想の持ち主はおそらく木戸である。木戸は、戊辰戦争の真っ最中である六八年の時点ですでに「朝鮮遣使」を政府に提案している。「遣使」というと聞こえは良いが、幕府に勝利した後、予想される武士階級の不満のはけ口としての朝鮮侵略を提案したものである。同年一二月には具体的な行動に出ている。明治政府は、朝鮮に対して新政府成立を通告するために対馬藩士を朝鮮に向かわせる。その時、木戸は岩倉具視に次のように提言した。

「速やかに天下の方向を一定し、使節を朝鮮に遣わし、彼の無礼を問い、彼れもし服さざるときは罪をならしてその土を攻撃し、大いに神州（日本）の威を伸張せんことを願う」（『木戸孝允日記』）

この提案をしたのは使節が到着する以前のことである。すなわち、まだ何の問題も衝突も生じていない段階で木戸は「無礼をきっかけに朝鮮を攻撃、侵略しよう」という意図を持っていたことになる。のちに江華島事件をきっかけに、日朝修好条規を押しつけた時（本書四九頁参照）、木戸は「佳約」（とても優れた条約）として喜んだと言われる。

西郷隆盛は、「征韓論」を主張したことで有名であるが、一部の研究者や西郷の地元鹿児島を中心にして「西郷は、平和的な使節派遣を望んでいただけで朝鮮を侵略する意図があったわけではない」とする主張もみられる。しかし、西郷は板垣退助宛の手紙で次のように述べている。

「使節を暴殺に及び候儀は決して相違これなき事に候間、その節は天下の人、皆挙げてこれを討つべき」（『大西郷全集』第三巻）

つまり「私は使節として朝鮮に行くが、おそらく殺されるだろうからそれを大義名分に、国を挙げて戦ってくれ」ということである。戦争を前提にしていることは明らかである。また、征韓論争の前年に、西郷は、腹心である別府晋介を朝鮮半島に軍事視察を目的に送り込んでいる。別府は、帰国後には同じく西郷の腹心である桐野利秋に「朝鮮半島を征服するには、二、三大隊で充分である」と伝えたと言われている。以上のことからも、西郷が朝鮮侵略を前提に征韓論争に臨んでいたのは間違いないのではないだろうか。

一方、「内治派」の代表格でもある大久保利通はどうか。一八七三年に征韓論には反対しながら、翌七四年、琉球人が台湾住民に殺害された事件（一八七一年）をきっかけに大久保は台湾出兵を強行する。近代日本における初の海外派兵は大久保によって実行されたのである。そして、七五年、日本海軍の軍艦雲揚号による武力挑発事件をきっかけとして江華島事件が起きた。大久保は、黒田清隆、井上馨を使節として送り、武力による威嚇をちらつかせて朝鮮との間に不平等条約である日朝修好条規を結ばせることとなる。

以上のことから、「維新の三傑」である西郷、大久保、木戸はいずれも、「征韓」思想の持ち主であり、大陸侵略政策を推進しようとしていたことに間違いないと考えてよいのではないか。

福沢諭吉の「脱亜論」

『学問のすすめ』『文明論之概略』などの著者として、あるいは慶應義塾の創立者として知られ、一万円札の肖像にもなった福沢諭吉には「門閥は親の敵」という封建制度に対する批判や「一身独立して一国独立す」など個人主義、西洋主義の人物のイメージが強いと思われる。しかし、三度にわたる海外視察をふまえ「西洋へのあこがれ」が強いのに対して、近隣諸国特に朝鮮に対する視線については「問題あり」と言ってよいであろう。

一八七五年の著書『文明論之概略』の中で、福沢は世界の国々をそれぞれ「文明」「半開」「野蛮」の三つに分類し、朝鮮は日本、中国と同じ「半開」の国としていた。しかし、一〇年後の一八八五年には『時事新報』に有名な「脱亜論」を発表する。

「支那朝鮮に接するの法も隣国なるが故にとて特別の会釈《えしゃく》に及ばず、正に西洋人が之に接するの風に従って処分す可《べ》きのみ」

近代化、開化が遅れている中国や朝鮮に対しては、欧米が日本にしたように帝国主義的砲艦外交で接して良いという意味である。一八九四年の日清戦争の際には「文野（文明国と野蛮国）の戦争である」とし、この戦争を「文明の義戦」と位置づけ、勝利した後は「愉快とも有り難いとも云ひようがない」（『福翁自伝』）と歓喜した。

欧米の近代化を後追いし、アジアの盟主たらんとアジアへの侵略戦争を拡大していった近代日本の末路は、福沢の「脱亜論」の末路でもあったのかもしれない。

蔑視、侵略への批判

一方、朝鮮や朝鮮人への蔑視、侵略に対して批判的であった人物もいた。柏木義円《かしわぎぎえん》（一八六〇～

一九三八年、群馬県生まれ。キリスト教牧師）はキリスト者として朝鮮半島での同化政策を批判し、伊藤博文を暗殺した安重根《アンジュングン》を高く評価した。浅川巧《あさかわたくみ》（一八九二～一九三一年、山梨県生まれ。民芸家）は民芸運動の柳宗悦《やなぎむねよし》に朝鮮民芸の美を紹介しながら、日本人の朝鮮人への「無理解」「蔑視」を厳しく批判した。弁護士布施辰治《ふせたつじ》（一八八〇～一九五三年、宮城県生まれ。弁護士）は、韓国併合を「資本主義的帝国主義の侵略」と断定するとともに、関東大震災時に虐殺された朝鮮人の問題について抗議活動、真相調査活動、追悼活動を行った。朝鮮人のためにたたかった人物であると言ってよいだろう。朝鮮（人）を蔑視し、侵略を支持する風潮が強まる中、私たちはこのような人物がいたことを忘れてはならないだろう。

「征韓論」「脱亜論」を学ぶ意味

戦争中や植民地時代に起因する問題が起きた時に「いつまで責任を追及され、謝罪し、補償に応じないといけないのか」という声が挙がることがある。その際には「責任は追及されたのか」「本当に謝罪しているのか」「補償に応じているのか」というように問題の具体的な検討が必要なのは言うまでもない。

しかし、現在の日本社会に「嫌韓論」や歴史修正主義的発言が蔓延している状況を見て、韓国をはじめとするアジアの人びとは「日本人は変わっていないのではないか。今でも欧米を崇拝し、アジア諸国を蔑視し、自らをアジアの盟主であると信じ込んでいるのではないか」と思うのではないだろうか。

かつて、そのような日本人の朝鮮に対する差別的、蔑視的な考えを「征韓論」、アジア諸国を見下し欧米を崇拝する考えを「脱亜論」と呼んだ。多くの日本人たちが長い間そのような考えを持ち、具体的に蔑視、侵略という形で隣人たちに接してきた過去がある。これまでの「まなざし」をふりかえり、私たちがあらたな「まなざし」で隣人に接することを始めない限り、隣人の信頼は得られないのではないだろうか。

【学びを深めるために】

- 琴秉洞『日本人の朝鮮観　その光と影』明石書店、二〇〇六年
- 安川寿之輔『福沢諭吉のアジア認識』高文研、二〇〇〇年
- 中塚明、安川寿之輔、醍醐聰『「坂の上の雲」の歴史認識を問う――日清戦争の虚構と真実』高文研、二〇一〇年

3　日清・日露戦争は「日本を守る戦争」だった？

「明治は栄光の時代」だったのか？

「まことに小さな国が、開化期を迎えようとしている」で始まる司馬遼太郎の小説『坂の上の雲』に描かれた日本の近代史は、アジア太平洋戦争の敗戦後、一般の人びとに「明治は栄光の時代、昭和前半は汚辱の時代」という誤った歴史の見方を植えつけたのではないかと歴史家中塚明は指摘している。明治は、世界の列強に成長していく「明るい栄光の時代」であるのに対し、昭和前半は、無謀で侵略的な戦争に向かっていく「汚辱にまみれた時代」であったという考えは、明治と昭和前半の間に「断絶」を見る発想である。しかし、実際は近隣アジア諸国を侵略するという「汚辱の時代」はすでに明治から始まっており、大正、昭和を通じて計画的に継続して進められていたと言うべきではないだろうか。

日清戦争はアジアの大国清国に勝利した戦争であり、日露戦争は世界一の面積を誇る列強ロシアに勝利した戦争である。「アジアの小国日本は、大国を次々に破り、列強の一国にまでのし上がることができた」という成長の物語が『坂の上の雲』のテーマとなっている。

しかし、「栄光の時代」の理由ともなっている日清戦争、日露戦争はどういう戦争だったのか。これらの戦争を「祖国防衛戦争」つまり列強の脅威から「日本を守る戦争」と捉える見方があるが、はたしてそうであったのか。事実の経過を調べていくと、そうではないことがわかる。この二つの戦争が何をもたらしたかを考えればわかる。それは、朝鮮半島を侵略し日本の支配下に置くことであった。それこそが、日清・日露戦争最大の目的だったのではないだろうか。

江華島事件

日清戦争は一八九四年に始まっているが、この戦争を考えるためにはその「準備段階」と言える江華島事件を知る必要がある。七三年に征韓論争がおきて西郷隆盛や江藤新平、板垣退助らの「朝鮮に使節を送り戦争を」という征韓派は下野し、大久保利通や木戸孝允、伊藤博文らの「まずは、国内の統治を安定させてから」という内治派が実権を握る。しかし、七四年には大久保政権下で台湾出兵が強行される。日本初の海外派兵であり、大久保らも大陸侵略に積極的であったことがわかる。

そして、一八七五年、江華島事件が起きる。中学校の歴史教科書にこの事件は次のように記述されている。「ソウルに近い江華島沖で、日本の軍艦が無断で測量したため、朝鮮の砲台から砲撃され、

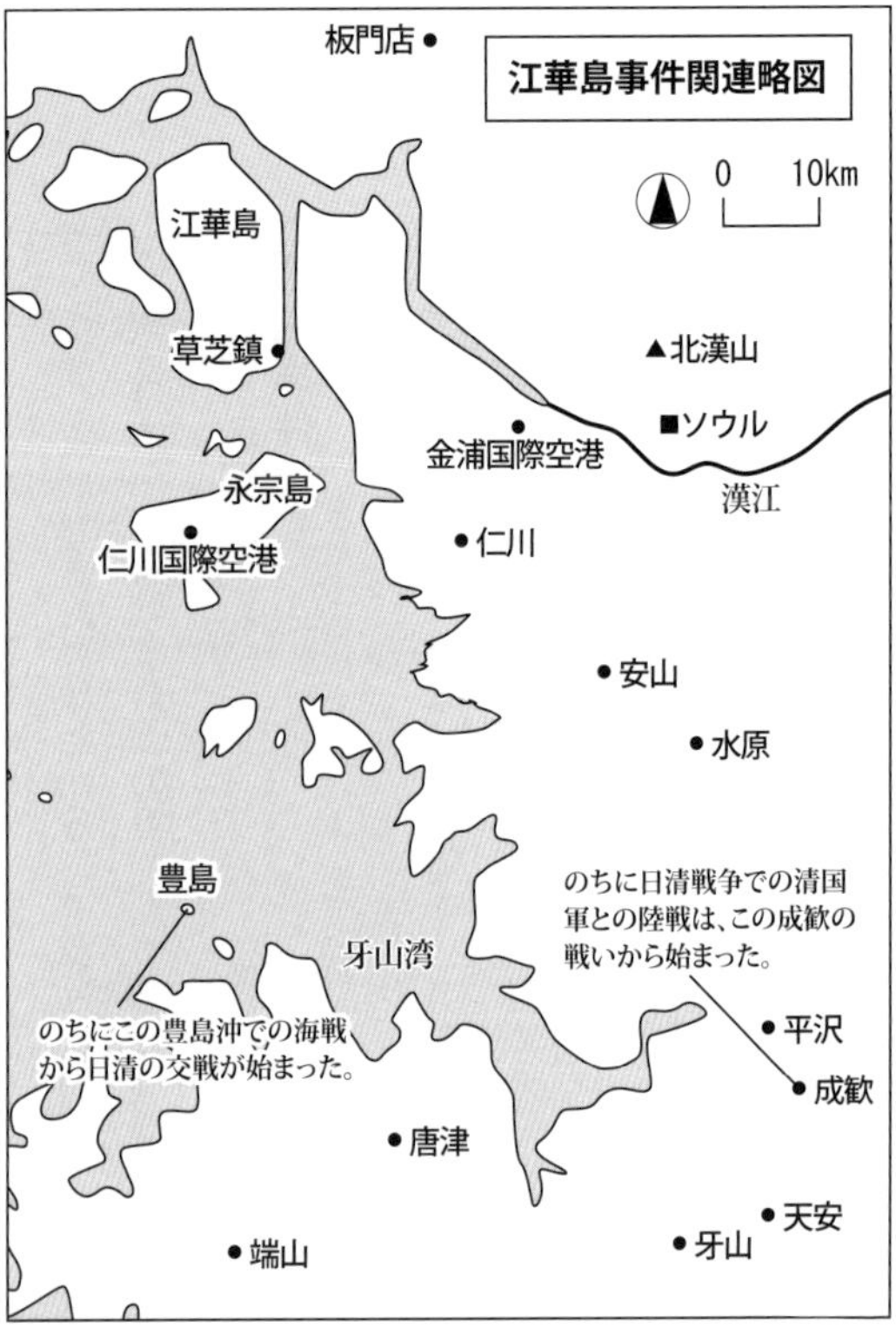

日本側が反撃して砲台を占拠した事件」（教育出版『中学社会　歴史をひらく』二〇二一年）――これだけ読むと、偶発的に起きた事件のようにも読めるが実際はそうではない。この年の五月、日本の軍艦が突然釜山の港に入ってきて、砲撃の演習を始め朝鮮の人びとを驚かせたという。そして、江華島事件を起こした日本の軍艦雲揚は、朝鮮半島の東岸を武力をちらつかせながら偵察した後、いったん長崎に帰港し、その後再び朝鮮半島に向かう。艦長の井上良馨《よしか》は海軍上層部に次のような報告書を送る。

「朝鮮は日本にとって重要な土地。他の国の領有を許してはいけない。日本の今後は日本が朝鮮半島を領有できるかどうかにかかってる。……ぜひ早々に出兵するように」

朝鮮半島に向かった雲揚は江華島沖に向かう。そして、ボートを降ろして江華島南端の砲台に近づき、朝鮮側の砲撃を受け、交戦状態にはいる。翌日には雲揚が直接砲台と交戦し砲台そのものを焼き払う。さらに翌日には島に上陸し、砲台を破壊し、武器を奪い、その翌日には飲み水を積み込みその後長崎に帰港した。この事実を政府は諸外国の公使に向けてうその報告をする。「雲揚が水を求めて近づいたらいきなり撃たれた」。朝鮮の開国を望む欧米各国もその情報を受け容れた。

この江華島事件を理由に、日本政府は黒田清隆を全権として送り込む。黒田は六隻の軍艦とともに仁川《インチョン》に上陸して、朝鮮政府と修好条規の締結交渉を始める。結果――

①日本人の治外法権を認める。

②朝鮮内における日本の貨幣の流通を認める。

③朝鮮の関税自主権を認めないうえにいっさいの輸出入商品に関税をかけさせない。

以上の内容を期限を切らずに「永遠に」と認めさせた。

これが、日本がはじめて外国に認めさせた不平等条約「日朝修好条規」であった。この条約の第一条には次の文言があった。「朝鮮国は自主の邦にして日本国と平等の権を保有せり」――この文言がのちの日清戦争に利用されることになる。

王宮占領と日清戦争

一八九四年二月、朝鮮で大きな農民の反乱がおきる（第一次甲午〈東学〉農民戦争）。朝鮮政府はこの反乱を鎮めることができずに清国に出兵を要請する。これを見て日本政府もほぼ同時に朝鮮に出兵する。その後反乱はおさまり、農民軍と政府軍は和睦する。「戦争の好機」ととらえていた日本は、なんとか戦争に持ち込もうと考え、朝鮮政府にある要求をつきつける。「朝鮮は自主の邦（独立国）であるから、清国が朝鮮を属国扱いして出兵するのはおかしい。すぐに清国軍を追い出せ。できないのなら日本軍が追い出す」。しかし、朝鮮国王はそれに応じなかった。それを見た日本軍は、なんと朝鮮国王がいる王宮（景福宮）を占領する。そして、王宮内から朝鮮人兵士を追い出し、国王の父である大院君を政権につけ、国王をとりこにしてしまう（七月二三日）。七月二五日、仁川沖で日本と清国の艦隊が砲火を交えた豊島沖海戦が、日清戦争の始まりとされているが、実際はそれ以前の王宮占領という軍事作戦から戦闘は始まっていたのである。

この日本軍の王宮占領に見られる日本の朝鮮に対する主権侵害・侵略行為に対して、再び東学農民軍が立ち上がった（一八九四年秋、第二次甲午〈東学〉農民戦争）。農民軍再蜂起を知った大本営の川上操六《そうろく》・参謀次長は仁川兵站部に「東学党に対する処置は厳烈なるを要す、向後《こうご》悉《ことごと》く殺戮すべし」との命令を下し、農民反乱が朝鮮半島に広がらないように東学農民軍討滅専門部隊として後備第一九大隊三中隊を追加派遣した。この部隊が東学農民軍を朝鮮半島南西部の珍島まで追いつめて殲滅したのである。研究者によれば、東学農民軍の戦死者数は三万～五万以上と言われ、日清戦争で最多の「戦死者」を出したのは日本でも清国でもなく朝鮮だったのである。

日清戦争は日本の勝利に終わり、一八九五年、下関条約が結ばれる。「遼東半島・台湾・澎湖諸島の割譲」「賠償金二億両」「日本を最恵国待遇とする」などに加えて「朝鮮半島を独立国として認める」の文言があった。これは、「朝鮮に対し、清国は介入しない」という約束であり、「日本の朝鮮支配を認める」という意味でもあった。

朝鮮王妃・閔妃《ミンビ》（明成《ミョンソン》皇后）暗殺と義和団蜂起

下関条約の後、ロシア・ドイツ・フランスによるいわゆる「三国干渉」により、日本政府は、遼東半島を清国に返還する。朝鮮の宮廷内にはロシアと結びつきを強めようとする動きもみられた。そんな時、日本政府代表である公使三浦梧楼《ごろう》（元陸軍中将）が指揮したとんでもない事件が起きる。日本軍兵士と「壮士」と呼ばれる日本人の民間人が王宮に押し入り、国王の妃である閔妃（明成皇后）を殺害したのである。この王妃虐殺事件は三浦公使が単独で計画実行したものではなく、当然、参謀本部も政府も承知していた。事件関係者は、日本国内で裁判にかけられた。しかし、軍人は軍法会議にかけられたが全員無罪となり、三浦らも証拠不十分で起訴すらされなかった。

国王一家の生活の場であった乾清宮の中にあった坤寧閤（コンニョンハプ、王妃の居間、復元、2016年撮影）

日清戦争に敗北した清国に、列強がその利権を求めて殺到した。それに対して、中国国内でキリスト教と外国排斥を訴える義和団の蜂起が起こった（一九〇〇年）。これをおさえるため、日本はロシア、イギリス、アメリカ、フランス、ドイツ、オーストリア、イタリアの七カ国とともに出兵した。日本は参加国中最大の二万二千人の兵力であった。その後、一九〇二年、日本の軍事力に注目したイギリスは対ロシアの軍事同盟の意味合いの強い日英同盟を結ぶ。

そんな中、朝鮮は各国の争いに巻き込まれることを恐れて、外国人の軍事教官や顧問をやめさせた。日本とロシアの戦争の可能性が高くなると、韓国政府（一八九七年、朝鮮は「大韓帝国」と名称を変える）は「中立」を宣言する。しかし、日本政府・軍部はそれを無視した。そうして日露戦争が始まったのである。

日露戦争の目的＝「韓国の保全」の意味するもの

日露戦争の始まりを告げる明治天皇の「宣戦の詔勅」の冒頭の文章は「帝国ノ重《おもき》ヲ韓国ノ保全ニ置ク」である。戦争の目的は「韓国の保全」にあるという。「保全」という言葉が何を意味するか。その後の歴史を見るならば明らかにそれは「朝鮮半島の植民地化」をめざすものであった。

一九〇四年の開戦時点ですでに、日本政府・日本軍は韓国の主権を無視していたと言ってよい。日露戦争の始まりはいつか。教科書にはこう書かれてある。「一九〇四年二月、日本軍はロシアの軍事拠点である旅順を攻撃し、中立を宣言していた韓国の仁川に上陸して、日露戦争が始まりました」（教育出版『中学社会　歴史未来をひらく』二〇二二年）。日本とロシアの戦争なのに、中立を宣言し独立国であるはずの韓国で戦端の火蓋は切られたのである。

日露戦争の戦争指導の中心は山本権兵衛海軍大臣であった。その山本は、連合艦隊の艦長に次のような訓示を送っている。「韓国沿岸では、他の列強とのトラブルにならない限りにおいて、国際公法上の決まりを重視する必要はない」。中立国である韓国の国内において「国際法を守る必要はない」とはおそるべき訓示である。実際、日本政府・日本軍は開戦時点において韓国領海内に韓国政府に無断で海底電線を敷設していた。この電信施設は、戦争において大きな威力を発揮するが、「国際法の無視」「韓国の主権の蹂躙」のうえで日露戦争は行われたのである。

ポーツマス条約から韓国併合へ

戦争は日本に有利に進み、一九〇五年九月、アメリカの仲介によりポーツマス条約が結ばれる。この条約で「韓国における日本の優越権」「遼東半島の租借権」「南満州鉄道の権益を日本にゆずる」「樺太の南半分を日本にゆずる」などが認められる。「韓国における日本の優越権」は、言い換えれば「韓国の支配をロシアは認める」ということである。

戦争中、日本政府は韓国政府に「日韓協約」締結を迫り、韓国支配を急ピッチで進めていく。かつて、ロシア・ドイツ・フランスによる「三国干渉」により遼東半島を返還した苦い経験から、欧米列強の干渉を避けるために事前に欧米各国と「互いの植民地支配を認め合う」という取引を行っていたため欧米各国からの干渉、抗議は見られなかった。

戦争後、外交権を奪う第二次日韓協約を韓国に認めさせるため、伊藤博文を韓国に派遣する。伊藤は、締結に反対する皇帝を脅迫し強引に調印に持ち込む。その後、韓国の外交権を奪った日本政府は統監府を置き、韓国の実質支配に乗り出す。初代統監は伊藤博文であった。五年後の一九一〇年、「韓国併合」で韓国は日本の植民地となる。

このように見ていけば、日清戦争、日露戦争が何を主たる目的としていたかは明らかであろう。「朝鮮半島の支配」そのものである。そのために、捏造、虐殺、侵略が行われ、最終的に韓国は日本の植民地とされたのである。「日本を守る戦争」は大義名分ではあっても、実態とはかけはなれていたことがわかるはずである。

「明治は栄光の時代、昭和前半は汚辱の時代」だったのではなく、「汚辱の時代」は明治から連綿と続いていたのである。

【学びを深めるために】

- 中塚明『現代日本の歴史認識—その自覚せざる欠落を問う』高文研、二〇〇七年
- 中塚明『日本人の明治観をただす』高文研、二〇一九年
- 中塚明『増補改訂版　これだけは知っておきたい日本と韓国・朝鮮の歴史』高文研、二〇二二年
- 中塚明・井上勝生・朴孟洙『新版　東学農民戦争と日本』高文研、二〇二四年
- 山田朗『これだけは知っておきたい日露戦争の真実』高文研、二〇一〇年
- 金文子『日露戦争と大韓帝国』高文研、二〇一四年
- 原田敬一『日清・日露戦争』岩波新書、二〇〇七年
- 横手慎二『日露戦争史』中公新書、二〇〇五年

4　韓国の植民地化——「韓国併合」の実態を知る

日本の紙幣の肖像になった人びと

二〇二四年七月から使用が開始された新紙幣。一万円札の肖像は福沢諭吉から渋沢栄一に替わった。渋沢栄一は経済人として日本の資本主義の発展に寄与した人物だ。韓国併合の八年前にあたる一九〇二年に第一国立銀行は大韓帝国に支店を置いた。第一国立銀行の初代頭取が渋沢だった。当時、日本の貨幣は朝鮮半島でも流通するようになっていたが、同年に第一国立銀行は、大韓帝国の許可無しに「無記名式一覧払い約束手形」を発行した。この約束手形は実質的な紙幣として朝鮮半島で流通し、大韓帝国は一九〇五年に正式な紙幣として承認せざるを得なかった。その紙幣に描かれていたのが渋沢栄一の肖像だった。まだ日本の植民地になっていなかったにもかかわらず、韓国で初めて流通した紙幣は日本人の肖像だったのだ。日本による植民地化がそこまで迫っているという予感を朝鮮の人びとに抱かせた出来事だろう。

「脱亜入欧」を説いたことで有名な福沢諭吉も一万円札の肖像だったことを考えると、朝鮮半島の植民地化を推進した人物が二回続けて一万円札の肖像になったことになる。日清・日露戦争を通して、日本人の中に国民意識が芽生えるとともに、中国（清）や朝鮮に対する根拠のない蔑視感情も生まれていった。そういった日本人の国民意識に、福沢や渋沢のような文化人や経済人が与えた影響は少なくなかっただろう。韓国では新紙幣の肖像に渋沢が登場するというニュースが流れたとき、批判の声が上がった。植民地になった経験を持つ国の人びとはその過去を簡単に忘れ去ることはできない。加害者が自分の過去の罪を忘れることができても、被害者はそうではないのだ。植民地になるということは、どういうことなのか、植民地にした国の国民である私たちがその事実を見ていく必要があるのではないだろうか。

韓国はどのようにして植民地にされたのか

軍服の伊藤博文と和服を着た韓国皇太子・李垠《イウン》（東京に留学中）が東京で撮った写真がある。いたいけな幼い皇太子を、軍服を着た貫禄のある伊藤が保護しているかのような印象を与える。幼く保護を必要とする韓国と韓国を教え導き保護する日本という当時の関係性を表しているかのようだ。

一九〇五年に第二次日韓協約で日本は韓国の外交権を奪い、翌年韓国統監府を置き、初代統監に伊藤が就任した。この動きに抗うため、各地で義兵運動が活発化し、韓国皇帝も第二次日韓協約の不法を世界に訴えるために一九〇七年にハーグ万国平和会議に使者を派遣した。怒った伊藤は、皇帝を退位させ、第三次日韓協約によって韓国の内政をすべて握り、韓国の軍隊を解散させた。しかし、韓国の外交権を奪い、統監府が外交を担うという日本のやり方に韓国の民衆の怒りはいよいよ高まり義兵運動は全土へと広がっていった。

一九〇九年七月六日、日本政府は「韓国併合に関する件」を閣議決定し、適当の時機に断行することを決めた。この決定は、一九〇九年一〇月二六日に満州のハルビン駅で、伊藤が義兵運動家の安重根に暗殺される前にすでに決まっていたのだ。

「和装の韓国皇太子と伊藤博文（1909 年・明治 42 年撮影）」（『画報近代百年史　第八集』〈国際文化情報社、1952 年〉から転載。写真説明もそのまま流用した）

一九一〇年八月二二日に「韓国併合に関する条約」が結ばれた。「併合」という言葉は当時の外務省政務局長の倉《くら》知《ち》鉄吉《てつきち》による造語だった。韓国という国が滅んで、日本の領土の一部になることを明確にするとともに、言葉の調子があまり過激にならないような文字を選ぼうと苦心した末に、「併合」という言葉が選ばれた。教科書などで長らく「韓国併合」と使われてきたが、この用語は日本政府が朝鮮侵略の実態を覆い隠すために作った言葉だったのだ。現在、歴史学では「韓国併合」とカギ括弧付で用いられるようになっている。

植民地支配の中で起きたこと

「日本は韓国のために良いことをした。韓国を発展させた」と主張する人は少なくない。実際にはどうだったのだろう。

植民地になった朝鮮の人びとは、大日本帝国臣民となり日本国籍を得た。しかし、大日本帝国憲法は適用されず、名目上は日本国籍を有していても、「内地（日本）」に本籍を置くものは「内地人」、朝鮮に本籍を置くものは「朝鮮人」と法的にも区別され、法律の適用、給与、教育などの制度面でも「内地人」と「朝鮮人」の間には明確な格差があり、「内地」への渡航も厳しく管理されていた。また、朝鮮を治めていたのは朝鮮総督府であり、総督も政務総監をはじめ局長クラスに至るまですべて「内地人」が独占し、「朝鮮人」には参政権もなかった。

朝鮮総督府が力を入れたことは土地調査事業だった。土地の所有権を確定し、不明な土地を国有地として、それを大企業などに払い下げたり、森林法によって農民たちの共同所有の森林を国有林とし、土地を取り上げていった。朝鮮には、日本の国策会社や財閥などが進出し、日本の権力を背景に土地を買い占め、朝鮮人労働者を劣悪な条件のもと低賃金で働かせ、朝鮮の資源を奪い、莫大な利益を得ていった。日本は自らの利益追求のために、鉄道や道路、あるいは工場、さらに電信・電機やダムなど、さまざまな施設を建造した。朝鮮支配の中で、インフラが整備されていったことは、全て日本を潤すことが目的であり、朝鮮人のためではなかった。

第一次世界大戦によって、アメリカやアジアへの輸出の増大や重化学工業の発展などで、日本経済は飛躍的に成長し、物価は大きく上昇した。政府がロシア革命によって内戦が続くソ連に対して、シベリア干渉戦争（「シベリア出兵」）を発表すると、米の買い占めが起き、米価はさらに急騰し、各地で米の安売りを求め米騒動が勃発した。

一九二〇年代、朝鮮総督府は朝鮮において「産米増殖計画」を実施した。この計画の実施によって朝鮮での米の生産量は増えたが、生産された米のほとんどは日本に運ばれていった。この計画は朝鮮の人びとの食糧を増やすことが目的ではなく、日本国内における食糧供給の不足を補うためだったのだ。皮肉なことに朝鮮人は自分たちが作った米を食べることができず、一人あたりの米の消費量は減り、貧しくなっていった。農村で生活できなくなっていった人びとの中にはソ連や中国、満州、そして日本へと職を求めて流れ着いていくしかなかった人びとも少なくない。こうして日本にやってきた人びとが「在日韓国・朝鮮人」のルーツと言える。

朝鮮に進出した企業が朝鮮各地で公害を引き起こしていたことも近年明らかになってきている。水俣病を引き起こした日本チッソは、一九二六年に朝鮮に進出し、ダム建設に乗り出した。また、二七年には朝鮮窒素肥料株式会社を設立し、肥料に使われる硫安を製造するための巨大工場を興南（朝鮮民主主義人民共和国咸鏡南道）に作った。「産米増殖計画」を推進するうえで肥料が大量に必要になることに目をつけたチッソは、総督府の支援を受け、安価な電力と労働力を使って、急成長していった。何よりもチッソにとって有利だったのは、朝鮮に工場法が適用されていないことだった。日本で一九一六年に施行された工場法は、労働者保護の観点のみならず、公害規制のための規定も定めていた。当時の工場法は公害を規制するうえで十分だったとは言えないが、その工場法すらなかった朝鮮で、チッソは労働者の労働条件を保障しないだけでなく、工場からの汚染水などを流しっぱなしにし、環境破壊を発生させた。

また浅野セメントなど日本から進出した様々な企業も例外ではなかった。「植民地にも公害があったと述べるだけでは不十分である。重要なのは、植民地であるがゆえに公害があったという点である」と加藤圭木《けいき》・一橋大学准教授は指摘している。朝鮮なら、朝鮮人に対してなら、という差別意識があったからだ。

植民地下の朝鮮で生きてきた人びとは、どのように扱われたかを物語る史料が、長野県の『信濃毎日新聞』(二〇一八年一二月二五日)に「日韓併合以降の朝鮮半島　朝鮮人への差別記録　伊那に貴重文書」という記事として掲載された。そこには、数々の日本人による朝鮮人差別が記録されている。一部を紹介する。

朝鮮人は蔑称で呼ばれ、「就職希望の朝鮮人を『採用せぬ』と突き出す」といった記述から、雇用を理由なく拒否した様子がうかがえる。日本人の小学生が蔑称を連呼し、同年代の子どもを殴った記録もある。

散髪した客が朝鮮人と知り、道具を全て洗浄した理髪店の店主や、「今は忙しい」と朝鮮人の治療を拒んだ医師も。畑のハクサイを誤って踏んでしまった朝鮮人の女の子を三カ月間無給で働かせたり、店が汚れると朝鮮人の来店を拒んだりした記録もある。

日本近現代史が専門の荻野富士夫・小樽商科大名誉教授（65）＝東京＝によると、文書は国立国会図書館などにも所蔵されているが数は少なく「憲兵隊の一人が自省の念を込めて書いた点で貴重」とする。

表向きは「一視同仁《いっしどうじん》（天皇から見れば、臣下という点では日本人も朝鮮人も同じという意味）」と言いながら、実際には、朝鮮の人びとにひどい差別を行っていたということがここから読み取れる。

韓国の植民地化について知らなければならないのはなぜだろう

一番近い国同士で、古代から様々な交流を深め合ってきた日本と朝鮮半島。日本はその朝鮮半島の国の一方である大韓民国としか国交を持たず、朝鮮民主主義人民共和国とは断絶状態のままだ。しかも、その韓国との関係も良好とは言えない。特に二〇一八年の韓国大法院（日本の最高裁判所にあたる）での徴用工判決（新日鐵住金に対して元徴用工に損害賠償を命じたもの）以来、厳しい状況が続いている。韓国の政権の交代によって緩和されたとは言うものの、日韓の間にある植民地時代の問題は解決したことにはなっていない。

韓国のアイドルであるBTS推しや韓国ドラマ推しの若者たちの中には、政治的な問題とは距離を置いて交流を楽しみたいという思いも強い。民間交流で互いを理解し合う活動は否定しないが、その根底にある過去の問題に目を向けることこそが、本当の意味で互いを理解し合うことにつながるのではないだろうか。

今から一〇〇年余り前の近い過去に日本が朝鮮を植民地にしたことが、日本に在日と呼ばれる多くの人びとが住むようになったきっかけなのだ。だからこそ、朝鮮を植民地にするということが朝鮮の人びとに何をもたらしたのかを知る必要があるはずだ。

一九六五年、日本と韓国の間に日韓基本条約が結ばれた。しかし、この条約には大きな問題点があった。日韓両国は一九一〇年の「韓国併合条約」とそれ以前に結ばれた条約を〝もはや無効〟と宣言したが、それについて日本側は一九四八年の韓国成立以降無効であって植民地支配は合法としたのに対し、韓国側は韓国併合条約を結んだ当初から無効であって、植民地支配そのものが不法とし、この解釈を巡っては現在も食い違っている。そのため、日本政府が韓国政府に提供した三億ドルも独立祝い金であって、賠償金ではないと日本側は主張し、日韓基本条約には植民地支配への日本の責任も反省も謝罪も書き込まれることはなかった。

日本はいまだに韓国に対して自らの植民地支配責任を認識し、謝罪していない状況が続いていると言える。そして、それは国交を結んでいない朝鮮民主主義人民共和国に対しても同様である。それを国と国とのことと言ってしまうのはたやすい。しかし、私たちには日本社会の中で生き、主権者として日本社会を作っているという現実がある。つまり、日本社会や日本政府が植民地支配責任をうやむやにし続けている状況に対して、向き合っていく責任が私たちにはあると言えるだろう。
表面的な交流による友好より、ゆるぎない友好関係を作るためには過去を見つめていくことこそがその一歩になるのではないだろうか。その意味でも、韓国の植民地化の歴史に目をつぶるわけにはいかないのだ。

【学びを深めるために】

- 中塚明『増補改訂版　これだけは知っておきたい日本と韓国・朝鮮の歴史』高文研、二〇二二年
- 糟谷憲一『朝鮮半島を日本が領土とした時代』新日本出版社、二〇二〇年
- 岡本有佳・加藤圭木編『だれが日韓「対立」をつくったのか』大月書店、二〇一九年
- 加藤圭木『紙に描いた「日の丸」―足下から見る朝鮮支配』岩波書店、二〇二一年

5　3・1独立運動――「独立宣言」の世界史的意義を知る

3・1 独立運動の始まり

一九一九年三月一日、パゴダ公園（現・タプコル公園）に集まった学生たちは、「私たちは、私たちの国である朝鮮国が独立国であること、また朝鮮人が自由な民であることを宣言する」で始まる「3・1独立宣言書」（外村大・訳「独立宣言文」から引用〈『週刊金曜日』一二二二号〈二〇一九年二月二二日〉掲載）を読み上げ「独立万歳」を叫び、腕を組んでソウルの街を行進した。運動は瞬く間に全国に広がり、朝鮮国内では二三二府郡島のうち二一二府郡島で二〇〇万人が運動に参加した。また、ロシアの沿海州や満州の間島にも広がった。沿海州や間島には朝鮮国内で民族運動を展開することが困難になった人びとや土地を失った多くの農民などが移住し、独立運動の拠点となっていたことが背景にあった。

この運動の背景には、一九一七年、第一次世界大戦のさ中に起きたロシア革命において「民族自決」をレーニンが提唱したことが大きい。「民族自決」の理念は、当時植民地にされていた多くの国々の民族に勇気を与え、朝鮮人が植民地支配からの解放を求める動きを加速化させることにつながった。そして、何よりも、侵略行為と過酷な植民地支配を行っていた大日本帝国への怒りこそがその根源的な原因だった。

第一次世界大戦の戦後処理のために一九一九年に行われたパリ講和会議に、上海で独立運動を展開していた新韓青年党から代表が派遣され、独立請願書を提出した。これを受けて、東京に留学していた朝鮮人学生たちは、一九一九年二月八日、東京で独立宣言を発表した（「2・8独立宣言」）。この宣言書が朝鮮内に持ち帰られ、朝鮮の民族主義者が三月一日に「3・1独立宣言書」を発表したことが3・1独立運動の始まりだ。

〔上〕1919年 3月 1日、「独立宣言書」が読み上げられたソウル・タプコル公園内に立つレリーフ群。「独立万歳」を叫ぶ朝鮮民衆と弾圧する日本官憲が描かれている。〔下〕朝鮮独立運動家たちが上海に参集して樹立した大韓民国臨時政府跡（撮影：平井美津子）

運動は、「独立宣言書」の配布、街頭演説、集会、デモ、警察に押しかけて投石、庁舎の破壊、土地台帳の焼却、竹やりを持っての暴力的闘争もあった。統一した運動方針に沿って行われたというより、民衆たちが自分たちのできる範囲でできることをやっていったという面が強い。しかし、だからこそ多くの民衆が参加できたとも言える。

3・1独立運動の弾圧

朝鮮張下村の丘の教会で

川崎　洋子

ぼうや
泣かないの
こわいことはなんにもない
こうして　きもちのいい風の吹きこむ教会で
窓からは　ながれる雲もみえて
村の人たち　みんないっしょで
おまえのアボジもそばにいて
ほら　あひるも一羽

軍刀をつるし　拳銃をかまえ
日本の憲兵がいそがしげに歩きまわっていても
剣つき銃の兵隊が教会をかこんでいても
ぼうや
こわくはない
オモニの目のなかには
夾竹桃の花がゆれ　花のなかに
おまえがいる
オモニの胸に顔をおしつけ
まるいちいさな鼻をおしつけ
そう　ねんねんよう
あんしんしておいで

銃砲の弾丸は
アボジの胸がさえぎるだろう
ふりおろされる軍刀は
オモニの肩がうけとめるだろう
二人の血で

ぼうや
おまえをまぶし
おまえをくるみ
おまえをかくし
きっと
おまえを　生かしてやる

これは一九一九年四月一五日に京畿道水原郡堤岩里で起きた住民虐殺事件を、日本人の詩人の川崎洋子が詠んだ詩だ。この事件は、日本軍が住民をキリスト教会に閉じ込め、教会の周りにガソリンをまき放火、外から一斉に銃撃し、三〇名あまりが虐殺された事件だ。

3・1独立運動を受けて、日本軍は三月一日のうちに軍事行動を開始している。朝鮮総督長谷川好道は運動が展開されている地域以外にも日本軍による弾圧を指示し、

堤岩里キリスト教会跡に建つ「三一運動殉国紀念塔」（撮影：権大鈺）

四月には原敬内閣は日本本国から兵力を派遣し、武力弾圧を進めていった。堤岩里事件はこのような状況の下で起きた事件であり、他にも数知れない虐殺が起きている。

朴殷植の『朝鮮独立運動の血史』（一九二〇年）によると、朝鮮人犠牲者は三月から五月の間で、死者七五〇九人、負傷者一万五八〇五人、逮捕者四万六三〇六人とされている。この逮捕者の中には、故郷の忠清南道天安郡𥡴田面並川里で独立行進に参加し、逮捕後にすさまじい拷問を受け、一六歳で亡くなった梨花学堂（現・梨花女子大学）の生徒だった柳寛順も含まれている。ソウルの西大門刑務所跡には柳寛順が入れられていた独房が残っている。

また、朝鮮在住日本人が「自警団」を組織し、弾圧に参加していた事例も判明している。これは関東大震災における「自警団」につながる行動と言えよう（本書八三頁〈註〉参照）。

3・1独立運動の意義

「独立宣言書」の一部を引用しよう。

……きっぱりと、これまでの間違った政治をやめ、正しい理解と心の触れあいに基づいた、新しい友好の関係を作り出していくことが、わたしたちと彼らとの不幸な関係をなくし、幸せをつかむ近道であるということを、はっきり認めなければならない。

また、怒りと不満をもっている、二〇〇〇万の人びとを、力でおどして押さえつけることでは、東アジアの永遠の平和は保証されないし、それどころか、東アジアを安定させる際に中心になるはずの中国人の間で、日本人への恐れや疑いをますます強めるであろう。

その結果、東アジアの国々は共倒れとなり、滅亡してしまうという悲しい運命をたどることになろう。いま、わが朝鮮を独立させることは、朝鮮人が当然、得られるはずの繁栄を得るというだけではなく、そうしてはならないはずの政治を行ない、道義を見失った日本を正しい道に戻して、東アジアをささえるために役割を果たさせようとするものであり、同時に、そのことで中国が感じている不安や恐怖をなくさせようとするためのものである。つまり、朝鮮の独立はつまらない感情の問題として求めているわけではないのである。

ああ、いま目の前には、新たな世界が開かれようとしている。武力をもって人びとを押さえつける時代はもう終わりである。過去のすべての歴史のなかで、磨かれ、大切に育てられてきた人間を大切にする精神は、まさに新しい文明の希望の光として、人類の歴史を照らすことになる。

……そのような世界の変化の動きに合わせて進んでいこうとしているわたしたちは、そうであるからこそ、ためらうことなく自由のための権利を守り、生きる楽しみを受け入れよう。そして、われわれがすでにもっている、知恵や工夫の力を発揮して、広い世界にわたしたちの優れた民族的な個性を花開かせよう。（外村大・訳から）

ここから読みとれることは、朝鮮人から日本人への呼びかけであり、全世界に向けての独立の意思をはっきりと示したものと言える。3・1独立運動は日本による植民地化に対して、民族の尊厳を踏みにじられた人びとが独立と解放を求めた運動であると共に、朝鮮だけでなく、東アジア全体の民族自決を実現することをめざした壮大な運動だった。これが、中国における5・4運動に与えた影響も小さくない。

参加者の中心は学生や教師、キリスト教徒、天道教徒（東学を継承する朝鮮の宗教の信者）などだったが、決してエリート層だけではなく広範な民衆が組織されていった。中には両班のような昔からの地方の有力者や当時の朝鮮総督府の支配機構の末端に位置する人びとも含まれていた。さまざまな階層の人びとが加わったことによって、総督府の武断政治への不満を示し、その後の支配を変化せざるを得ない状況にしたことは大きな成果と言える。朝鮮民衆が過酷な植民地支配に甘んじることなく、全国規模の運動を展開した経験は、その後の独立運動へとつながっていくことになった。一方、日本はここから満州へと侵略をいよいよ拡大させていくのだった。

3・1独立運動のことを知らなければならないのはなぜだろう

当時の日本人の多くは、立ち上がった朝鮮人たちを「不逞鮮人」と呼び、彼らの独立と解放を目指す訴えを聞こうともしなかった。朝鮮総督府の御用新聞『京城日報』は、3・1独立運動について「あゝ、あわれむべき朝鮮同胞よ、あなたたちは実に悪魔に煽動されている」（加藤圭木「3・1独立運動と現在」〈『誰が日韓「対立」をつくったのか』岡本有佳・加藤圭木編、大月書店、二〇一九年〉）と、朝鮮人の独立の願いを非現実的なものとして否定し、独立を求める動きを危険で恐ろしい企てとして取り上げた。

この宣言書を高らかに読み上げてから一〇〇年後の二〇一九年三月一日、韓国では盛大な記念式典が政府によって行われた。その前日の二月二八日、日本の外務省は、韓国への渡航者に対して「デモ等が行われている場所には近づかない等慎重に行動し」という注意喚起を行い、日本のメディアも「韓国で反日デモ」が行われるなどと報道した。

日本のこのような態度は、3・1独立運動の世界史的意義を貶めるものではないだろうか。3・1独立運動一〇〇年の記念式典は韓国の人びとが民族の誇りをかけ人類史に残る独立運動の意義を高らかに掲げ、運動の継承を誓うものであり、アジアの平和をともに作ろうと呼びかけるものだ。日本政府や日本社会がこのことについての理解が不足していることを自ら明らかにした行為と言える。この式典を「反日」運動と呼ぶならば、それは日本がいまだに自らの植民地主義的な考え方から脱却していないということを示すことに他ならない。

一〇〇年余り前に日本が隣国を奪い、どのような支配を行ったのか、隣国の人びとはどのように抵抗し、どんな関係を新たに作ろうと願ったのかを知ることに憶病になってはいけない。歴史に誠実に向き合う勇気を持ち、過去の清算を私たち日本人がやりきる自覚が必要ではないだろうか。

【学びを深めるために】

- 日中韓3国共通歴史教材委員会『第2版　未来をひらく歴史―東アジア3国の近現代史』高文研、二〇〇六年
- 糟谷憲一『朝鮮半島を日本が領土とした時代』新日本出版社、二〇二〇年
- 中塚明『増補改訂版　これだけは知っておきたい日本と韓国・朝鮮の歴史』高文研、二〇二二年
- 緒方義広『韓国という鏡―新しい日韓関係の座標軸を求めて』高文研、二〇二三年

6　関東大震災と朝鮮人虐殺

※筆者註：本項で引用した文章には現代の視点からは不適当である「不逞鮮人」の語句があるが、歴史的資料として修正せずに掲載した。

自警団遊び

一九二三年九月一日午前一一時五八分、マグニチュード七・九の大地震が関東地方を襲った。関東大震災である。多くの人びとが災害で罹災した以外に、軍や警官、自警団〈註〉などによる朝鮮人虐殺が起きた。次頁の絵は「美人画」で知られる画家・竹久夢二が、廃墟と化した東京の街を歩き、『都新聞』に「東京災難画信」として連載した中に描かれた「自警団遊び」（一九二三年九月一九日掲載）というものだ。

竹久夢二「自警団遊び」

「万ちゃん、君の顔はどうも日本人じゃあないよ」

豆腐屋の万ちゃんを掴まえて、一人の子供がそう言う。郊外の子供達は自警団遊びをはじめた。

竹久夢二・画「自警団遊び」（Wikimedia Commons から転載）

「万ちゃんを敵にしようよ」

「いやだあ僕、だって竹槍で突くんだろう」

万ちゃんは尻込みをする。

「そんな事しやしないよ。僕達のはただ真似なんだよ」

そう言っても万ちゃんは承知しないので餓鬼大将が出てきて、

「万公！　敵にならないとぶち殺すぞ」

と嚇《おど》かしてむりやり敵にして追かけ廻しているうちほんとうに万ちゃんを泣くまで殴りつけてしまった。

子供は戦争が好きなものだが、当節は、大人までが巡査の真似や軍人の真似をしていい気になって棒切を振りまわして、通行人の万ちゃんを困らしているのを見る。

ちょっとここで、極めて月並の宣伝標語を試みる。

「子供達よ。棒切を持って自警団ごっこをするのは、もう止めましょう」
（引用者註：現代語表記に改めた）

絵を見ると、竹やりや木剣のようなものを持った四人の男の子たちに一人の男の子が取り囲まれ、首をつかまれて、竹やりを突きつけられている。首をつかまれている子が万ちゃんだろう。朝鮮人に見立てられた万ちゃんが自警団役の子どもたちに、泣くまで殴り続けられる様子が描かれているのだ。結びの「自警団ごっこをするのは、もう止やめましょう」という言葉は決して子どもに向けられた言葉ではない。「巡査の真似や軍人の真似をしていい気になって棒切を振りまわして、通行人の万ちゃんを困らしている」大人にこそ、夢二はこう言いたいのだ。震災以降、自警団遊びなどというものが子どもの間に広がっていたことを示す資料だ。子どもたちは大人たちがこのような行為をするのを実際に見ていたからこそ、広がった遊びと言えるだろう。

子どもが見た朝鮮人虐殺

関東大震災のありさまは子どもの目にどのように映ったのだろう。

本所区（現墨田区）本横小学校で一年から六年までの男女合わせて一四六人が描いた絵が「東京市本所区本横小学校・大正震災記念画帳」として東京都復興記念館に収蔵されている。その中に、本横小学校四年生の山崎巌少年が描いたものがある。芋畑に追い詰められた朝鮮人が、竹やりを持った多

『大正震災記念畫帳』に収録された山崎巌少年の絵（東京都復興記念館所蔵資料）

くの民衆や警察官に取り押さえられようとしているとみられる絵だ。

歴史学者の新井勝紘は、絵に記されている中山は、千葉県市川市中山で、実際にここで九月四日と五日の二度にわたって計一六人の朝鮮人が虐殺された事件があったことから、山崎少年がこの虐殺場面を見たかどうかは不明だが、自警団員らが朝鮮人をとらえるところに遭遇したのではないかと推測する。

小学四年生の少年には忘れようとしても忘れられない光景になったはずだ。山崎少年がいた本横小学校のあった本所区は最も被害の激しいところで火災で焼け出された人も多い。山崎少年は東京から千葉に家族と避難していて、この光景を見たのではないだろうか。地震で倒壊し、燃え上がる家屋や逃げまどう人びとを見たはずの彼が、その光景よりも朝鮮人が畑に追い詰められる光景を自分にとっての関東大震災の惨状と捉えたところに、この天災が単なる天災ではなく、人災であり、しかも犯罪と言える殺人を引き起こしたものであったことがわかる。

絵以外にも、震災から半年の間に東京市立の小学校で児童に作文を書かせている。普通の作文には載ることも無い「殺す」「殺されて」「切られる」などという言葉がたくさん書かれていることに驚かされる。ひとつ紹介しよう（『東京市立小学校児童震災記念文集』琴秉洞《クムビョンドン》編『朝鮮人虐殺関連児童証言史料』〈緑陰書房、一九八九年〉所収）。

三日になると朝鮮人騒《さわぎ》となって皆竹やりを持ったり刀を持ったりしてあるき廻ってた。其《それ》をして朝鮮人を見るとすぐ殺し（す）ので大騒になった。其《そ》れで朝鮮人が殺されて川へ流れてくる様を見ると、きび（み）の悪いほどである。

（横浜市・高等小学校一年男児）

広がるデマ

このような殺戮を引き起こした原因にはデマの流布がある。「朝鮮人が襲来し、放火、強姦、投毒の虞《おそれ》あり」「朝鮮人が爆弾を所持している」などのデマが、九月一日の夕刻より流れ始めている。発生源は不明だが、SNSがない時代にデマが急速に広まっていったのは政府の力が大きかった。

九月二日、当時警視庁官房主事の立場にあった正力松太郎は、九月二日に各警察署に向けて、「災害時に乗じ放火其他狂暴なる行動に出づるもの」に対し、取り締まりを厳しくするよう命じ、新聞記者には、朝鮮人が騒動を起こしていることを触れ回れと要請している。そして、九月三日には、内務省警保局長が「東京付近の震災を利用し、朝鮮人は各地に放火し、不逞の目的を遂行せんとし、現に東京市内に於て爆弾を所持し、石油を注ぎて放火するものあり。すでに東京府下には一部戒厳令を施行したるが故に、各地に於て十分周到なる視察を加え、鮮人の行動に対しては厳密なる取締を加えられたし」と各地方長官あてに打電している。政府がデマの真偽も確かめずに、デマを流し騒擾を広げていく主体になっていることがわかる。一方、新聞も「不逞鮮人一千名と横浜で戦闘開始、歩兵一個小隊全滅か」「発電所を襲う鮮人」などと書き立て、東京から各地に避難する人びとも、信じたデマをまことしやかに語り、デマは瞬く間に拡散した。

虐殺はなぜ起きたのか

震災が再び来るかもしれない不安におののき、朝鮮人が攻めてくるかもしれない恐怖を煽られた人びとは、棒切れや竹やり、とび口、刀や銃器を携えて集まり、道行く人で少しでも見覚えのない人がいると、「十五円五十銭と言ってみろ」などと発音させた。これは朝鮮人が濁音のある言葉を発音しにくいからだ。しかし、ひとたび「朝鮮人だ！」と衆目の中で叫ばれたら、いくら朝鮮人ではないと訴えても容赦なく刃が向けられた。

大震災という想像を絶する災害の中で、群集心理を虐殺の遠因に求める声もある。もちろん、それはあっただろう。しかし、それだけだろうか。日本は明治維新以降、朝鮮半島をわがものにするために、日清・日露戦争を行い、第二次日韓協約で大韓帝国の外交権を奪い、保護国にした。その状況の

「義兵部隊」（F.A. マッケンジー“The tragedy of Korea”〈ロンドン、1908 年〉から転載。本書は京都府立図書館所蔵）

中で、日本人の中に朝鮮人は自分たちより劣っているという蔑視感情が生まれていった。

一九一〇年に大韓帝国を植民地にすると、朝鮮人の抵抗運動はますます激しくなっていった（義兵闘争）。そして一九年三月一日に端を発する三・一独立運動が起きると、軍隊の力で徹底的に弾圧するとともに、新聞は独立運動に関わる朝鮮人を「不逞鮮人」と報じた。それまでの蔑視観と相まって、今度は朝鮮人は何をしでかすかわからないというイメージにつながり、大震災でそこに火が付いたのではないだろうか。いじめている人間は、いじめられている人間からの逆襲におびえる。それと同じことが言えるだろう。

なぜ朝鮮人虐殺を記憶しなければならないのか

今、私たちの周りでは、この頃と同じようなことは起きないと言えるだろうか。朝鮮民主主義人民共和国がミサイル発射実験をするたびにＪアラートが鳴る。これによって各地の朝鮮学校に脅迫電話やネット上に読むに堪えない差別書き込

朝鮮人犠牲者追悼碑（東京都墨田区・横網町公園）

みがなされたり、生徒たちが駅などで暴行の被害に遭っているのだ。また、新大久保（東京）、川崎（神奈川）などで繰り返されてきた在日朝鮮人をターゲットにしたヘイトスピーチ、二〇二一年には、京都の在日朝鮮人が多く住むウトロ集落への放火というヘイトクライムも起きている。「在日朝鮮人が不当に利益を得ている」「わが国では在日朝鮮人による凶悪犯罪が多い」といった、何の根拠もないデマをうのみにして、うっぷん晴らしにやっている行為なのだ。

現在、日本国内では各種学校も含めた高校の実質無償化が進み、二〇一〇年からは外国人学校も支給対象になっている。しかし、朝鮮学校は対象とはならず、東京・愛知・大阪・広島・福岡の五つの朝鮮高級学校が国を相手取って高校無償化指定処分取り消しを求めた訴訟でも、すべて原告が敗訴している。これは、政府が朝鮮学校や朝鮮人は差別をしてもよいというお墨付きを与えていることになるのではないだろうか？

私たちが関東大震災における朝鮮人の虐殺を知らなければならないのは、その歴史を知ることによって「在日」とはどういう歴史を持った人たちなのか、差別や憎悪の根源はどこにあるのか、憎悪やデマが人間の行動にどんな影響を与えるのかを知ることにつながるからだ。関東大震災における朝鮮人虐殺のようなことが二度と起きない社会、人が民族や人種、宗教、ジェンダーなどで攻撃されない社会を作るにはどうしたらいいのか、自らの生き方を見つめることにつながるだろう。

関東大震災で虐殺された朝鮮人の人数は定かではない。当時の政府が調査をしようとせず、むしろ隠ぺいと矮小化をしたからだ。二〇〇九年に内閣府が設けた中央防災会議の専門調査会がまとめた報告書には、殺傷事件による犠牲者の正確な数は掴めないが、震災による死者数の一～数％としている。ここでは、朝鮮人虐殺だけを対象にしたが、中国人や社会主義者に対する虐殺があったことも忘れてはならない。

〈註〉関東大震災直後に憲法・法律の一部の効力を停止し、行政権・司法権の一部ないし全部を軍隊の指揮下に移行する戒厳令が敷かれた。このことにより、非常時に町や村などを自衛するために住民などで組織した警備団体。平時は郷里で生業についているが、戦時などには必要に応じて召集され国防の任務についた兵士たちで構成された在郷軍人や青年団や消防団などを中心に作られた。

【学びを深めるために】

- 西崎雅夫編『証言集　関東大震災の直後　朝鮮人と日本人』ちくま文庫、二〇一八年
- 加藤直樹『九月、東京の路上で』ころから、二〇一四年
- 劉永昇『関東大震災　朝鮮人虐殺を読む―流言蜚語が現実を覆うとき』亜紀書房、二〇二三年
- 新井勝紘『関東大震災　描かれた朝鮮人虐殺を読み解く』新日本出版社、二〇二二年

7　中国侵略戦争①　傀儡国家「満州国」
――五族協和・王道楽土の実態

「満蒙は日本の生命線」

一九〇七年に政府によって制定された「帝国国防方針」は日清・日露戦争以後の大陸侵略政策を考える意味できわめて重要な文書である。

ひとつは、日露戦争の位置づけである。文書中にある「幾万ノ生霊及巨万ノ財貨ヲ以テ」という言葉は、日露戦争がいかに多くの犠牲を払ったかということを示している。これ以後、「幾万の犠牲」の言葉は、具体的に「十万の生霊」という言葉に置き換えられ、長く戦争遂行の理由の枕詞のように使われることになる。それは、そのような「多大な犠牲のもとに獲得した朝鮮と満州の利権は絶対に守らなければいけない」という覚悟につながっていく。

もうひとつは、「満州及韓国ニ扶植《ふしょく》シタル利権（は）益々之ヲ拡張スルヲ以テ帝国施設ノ大方針ト

中国東北（旧満州）地方略図

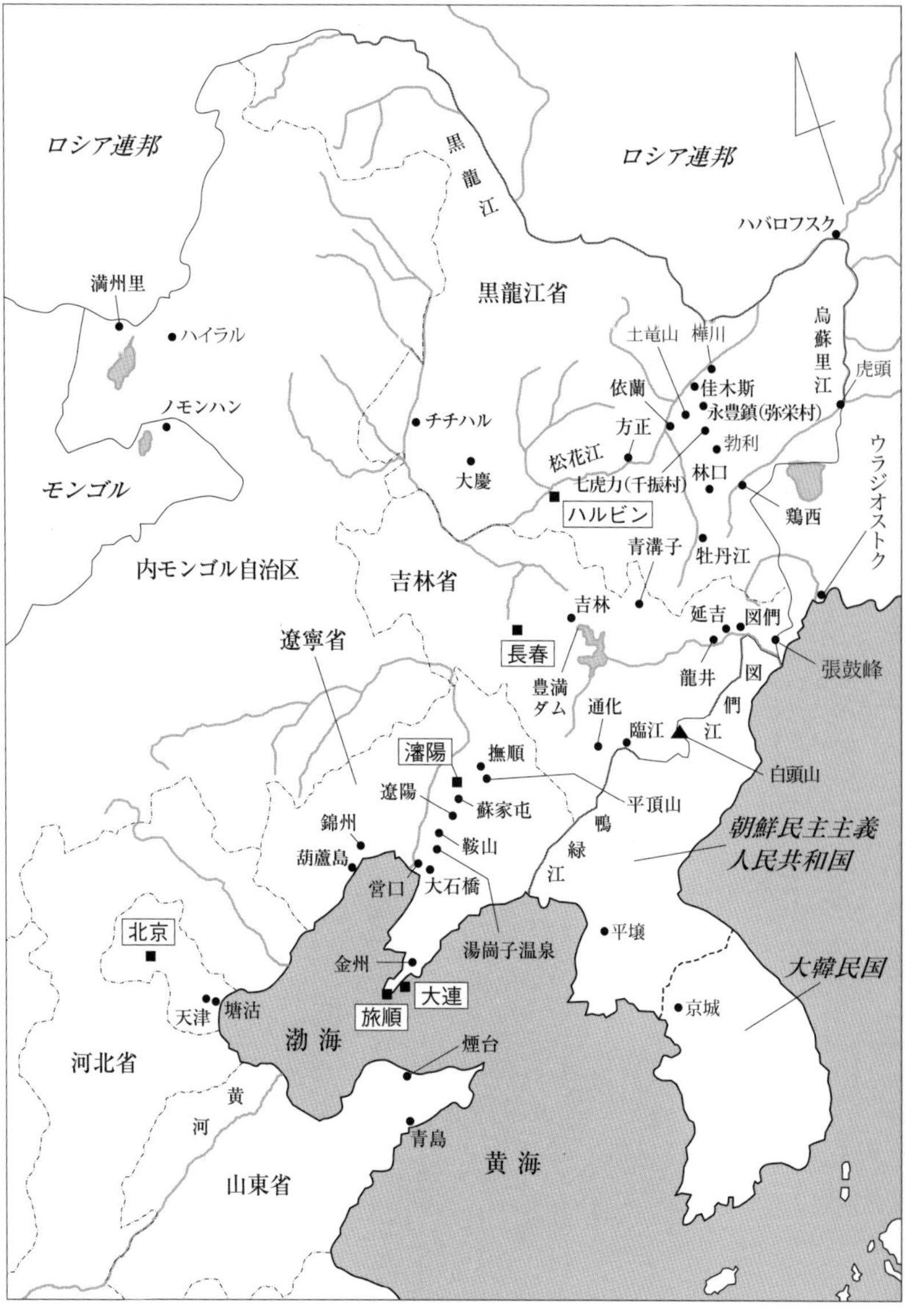

為ササルヘカラス」である。つまり「満州・韓国における日本の権益はさらに拡張していく」ということを国策として示しているのである。その後、一九一〇年、韓国併合により朝鮮半島を植民地とした日本は、大陸における「権益拡張」の矛先を満州に向けていくことになる。

日本政府は、南満州鉄道株式会社（いわゆる満鉄）による満州の実質的支配を強める中、第一次世界大戦の最中に「対華二一カ条要求」を中国政府につきつけるなど大陸における権益拡大の動きはとどまるところがなかった。

その動きを一人の軍人が加速させる。関東軍参謀石原莞爾《かんじ》である。一九二七年、石原は「満蒙領有論」を主張する。「日米の世界最終決戦」を構想する石原は、「国内問題の最終解決は満蒙領有にある」と主張する。そして、この満州に蒙古を加えた「満蒙問題」という用語が一般的に使用されていくことになる。

そして、一九三一年一月、外務大臣松岡洋右《ようすけ》が国会質疑の中で発した「満蒙はわが国の生命線」の言葉が、新聞、ラジオ、書籍、雑誌など当時の主要メディアを介して国民の間に広がっていくことになる。

世界恐慌（一九二九年）を経験した後、日本政府そして日本国民の大半は「満蒙を手に入れることが日本の生き残る道である」を意味する「満蒙は日本の生命線」をスローガンとして受け容れていくのである。

満州事変から「満州国」へ

一九三一年九月一八日、関東軍がしかけた柳条湖事件をきっかけに満州事変が勃発する。石原や板垣征四郎ら関東軍首脳らは、そのまま軍事作戦を拡大し満蒙を領有する計画であったが、政府は対外的な影響を考慮して「不拡大方針」をとった。関東軍首脳らは、それを受けて「満蒙領有」から「満蒙に独立国を建設」へと方針転換を図る。そして建国されたのが「満州国」であった。

蒋介石率いる中華民国政府から満蒙を切り離して独立国を建国するには、諸外国の理解と納得を得るために必要なそれなりのタテマエが必要であった。そのタテマエこそが「五族協和」「王道楽土」であった。「五族協和」の五族とは、漢族、満州族、モンゴル族、朝鮮族、日本民族の五つを指す。この五つの民族が協力・共生して成り立つのが「満州国」であるという意味である。満州には当時、この五つの民族の他にロシア人や迫害を逃れてきたユダヤ人も存在し、諸外国に「多文化共生」をアピールするには絶好の環境とも言えた。「王道楽土」は、欧米列強による帝国主義的侵略を「覇権（道）」と位置づけ、それに対抗して東洋の価値観である「徳による政治」＝「王道」による国づくりを目指すというものであった。

しかし、「五族協和」「王道楽土」のタテマエはあっても「満州国」は日本政府による「傀儡国家」であることに間違いなかった。執政溥儀（清朝最後の皇帝宣統帝）を元首とする立憲政体の形をとっていたが、実質は国防・外交を関東軍と日本政府が、内政も執政を補佐する役割の官庁である総務庁に集められた日本人官僚が絶大な権限を握っていた。

蒋介石率いる中華民国政府は一連の動きに対して国際社会に訴えるという手段をとった。共産党との内戦で日本軍に対抗する余裕がなかったのも理由のひとつであった。満州事変勃発の翌日には国際連盟に報告し、三日後には正式に提訴し事実関係の調査を求めた。東北三省（黒竜江省・吉林省・遼寧省）を支配していた張学良も、日本軍の挑発には乗らず国際的な批判で事態を乗り切ろうとした。

一九三二年三月一日、大日本帝国の傀儡国家「満州国」建国が宣言されたが、同年三月に国際連盟はいわゆるリットン調査団を派遣し、日本、満州、中国を三カ月にわたり調査した。

報告書の骨子は、日本の権益にも一定の配慮を示したものであったが、「柳条湖事件及びその後の日本軍の活動は、自衛的行為とは言い難い」「満州国は、地元住民の自発的な意志による独立とは言い難く、その存在自体が日本軍に支えられている」というものであった。ご存じの通り、この勧告は国際連盟において「四二対一（日本）」の大差で採択され、それを不満とした日本政府は国際連盟を脱退した。国際連盟の場で反対演説を行い、代表団を率いて議場を去ったのが、「満蒙はわが国の生命線」と主張した松岡洋右であった。

なお、国際連盟に加盟していない国、日本の同盟国や同盟国の占領下にあった国の中には、「満州国」を承認した国もあった。「満州国」を承認した国は以下の通りである。

ドイツ、イタリア、スペイン、エルサルバドル、コスタリカ、タイ、ビルマ、フィリピン、ポーランド、自由インド、クロアチア、ハンガリー、スロバキア、ルーマニア、ブルガリア、デンマーク、フィンランド、蒙古連合自治政府、中華民国（一九四〇年汪兆銘政権下の日満華共同宣言により相互承認）。

実験国家「満州国」とその実態

日本政府による満州の開発は「満州国」建国以前から進んでいた。日露戦争後の一九〇七年、満鉄の初代総裁に就任した後藤新平は、台湾での総督府民政長官時代の実績をもとに、満州経営の陣頭指揮をとった。鉄道などのインフラ整備、衛生施設の拡充、大連などの都市建設計画を推進した。各都市に造られた「ヤマトホテル」や満鉄の「アジア号」の豪華さは欧米列強のものと比較しても遜色なかったと言われている。本土の縦割り行政とは違い、満鉄が一括して企画し事業を行ったため、斬新で大規模な開発が可能であったと言われている。「満州国」建国後も、「実験国家」で腕をふるうため多くの若手官僚が満州に渡ったが、戦後A級戦犯となり、追放解除後は首相となった岸信介もその一人であった。

また、国策映画会社「満州映画協会」も作られ、無政府主義者大杉栄を惨殺した甘粕正彦を理事長に迎えて多くの国策映画を生み出した。李香蘭という映画女優に「日本人に協力する中国人女性」という役を何度も演じさせ人気を博したが、李香蘭は実は山口淑子という日本人女性であった。

以上の通り「五族協和」の五族の中では日本人だけが優遇されていた。広大な土地に日本人を呼び寄せるために、現地住民の土地を安く買い叩き強制的に移住させた。関東軍が率先して現地住民を追い出し、強制移住に関わることも多かった。経済においては、岸を中心とする日本人官僚による統制経済が行われ、本土からは鮎川義介を総帥とする日産財閥が進出し権益を欲しいままにした。

「徳による政治」を意味する「王道楽土」も、結局は関東軍の武力を背景とした覇権国家であることは明らかであった。土地を奪われ傀儡支配に憤る現地住民が「匪賊《ひぞく》」となって日本人集落を襲撃する事件は後を絶たなかった。

満蒙開拓団

「満州国」を日本の傀儡国家としたことにより、満州は日本の「資源供給地」となり他国に先がけて世界恐慌から脱したと言われる。そのような状況の中、日本政府は本土の人口超過問題を解決し「満州国」のさらなる開発を進めるために、日本国民の満州移住計画を推し進める。「満州国」建国当時の人口は約三千万人と言われていたが、そのうち日本人の人口は奉天(現・瀋陽)を中心に約二四万人しかいなかった。政府は「百万戸移住計画」のもと、小作人や農家の次男、三男の家族を中心に「集落」ごとの移住を推進した。集落の名を冠して「〇〇開拓団」と呼ばれるのはそのせいである。結果、一九四〇年には「満州国」における日本人は合計一〇〇万人に達したと言われている。ちなみに、その日本人と日本の権益を守護する関東軍はおよそ約三〇万人であった。

なお、一四歳から一九歳の男子も軍隊式の訓練を経た後、満蒙開拓青少年義勇隊と呼ばれ満州に移るが、その数は約一〇万人であったと言われる。

傀儡国家「満州国」は多くの悲劇を生んだ

傀儡国家「満州国」は、日中戦争の勃発により崩壊の一途をたどることになる。中国人匪賊や朝鮮人の抗日運動に直面する中、蒋介石率いる国民政府との戦争は「長期化」「泥沼化」していった。そして、戦局打開のため一九四一年に始められたアジア太平洋戦争は連合軍の猛攻に遭い、敗戦は必至の状況となった。戦争末期、「満州国」にいた日本人住民は想像を絶する悲劇に見舞われることになる。

敗戦直前の一九四五年八月九日、いわゆる「ヤルタ密約」にもとづきソ連軍一七四万人がいきなり「満州国」に襲いかかった。その頃、関東軍の主力はアメリカとの戦争のため大量に太平洋方面（南方）に送られていた。兵員不足を補うために、満州在留の日本人男性を「根こそぎ動員」したが、ソ連軍の猛攻を防ぐことは無理であった。八月一五日の敗戦後も戦闘は続けられ、関東軍は敗北のうえ南部に逃亡した。満州に放置された女性・子ども・老人を中心とする日本人開拓民は日本への脱出を図るが、現地住民による襲撃、ソ連軍の猛攻に加え、飢餓や病気が追い打ちをかけた。開拓団ごとの「集団自決」も行われた。岐阜県の黒川開拓団は、現地において団の保護と引き換えに女性たちをソ連兵の「性接待」に差し出した。開拓団の死者は約一三万人と言われる。

中には、逃げることをあきらめ、現地中国人の妻となったり、わが子を中国人に預けるなどのケースも多かった。それぞれ「残留婦人」「残留孤児」と呼ばれたがまとめて「残留日本人」と呼ばれることもある。

一九五九年、かつて「満州国」の高級官僚であった岸信介は首相の地位にあったが、同年三月、岸政権は「未帰還者特別措置法」を制定した。これは、中国からの未帰還者（残留日本人）の失踪宣告を家族ではない厚生大臣もできるという法律であった。この法律のもと一万三五〇〇人を超える人びとが死亡宣告を受け、戸籍から抹消された。生きている残留日本人が「死者」とされたのである（一九七二年の日中国交正常化後、一部の残留日本人は日本に帰国した）。

「日本の生命線」とされた傀儡国家「満州国」は、想像を絶するような悲劇をともない一三年の歴史に幕を閉じたが、その悲劇は日本の敗戦後も長く続いたのである。


【学びを深めるために】

- 原彬久『岸信介』岩波新書、一九九五年
- 姜尚中・玄武岩『興亡の世界史18　大日本・満州帝国の遺産』講談社、二〇一〇年
- 加藤陽子『満州事変から日中戦争へ』岩波新書、二〇〇七年
- 加藤聖文『「大日本帝国」崩壊』中公新書、二〇〇九年
- 大久保真紀『中国残留日本人』高文研、二〇〇六年

8　中国侵略戦争②　南京大虐殺を記憶する

日中全面戦争の開始

満州事変（本書八四頁参照）によって、「満州国」を建国した日本軍の侵攻はそれだけでおさまらなかった。「満州国」に隣接する華北を「第二の満州国」化する計画を立て、華北五省（河北・山東・山西・チャハル・綏遠）を国民政府から分離する「華北分離工作」に着手した陸軍は、支那駐屯軍〈註1〉を一七七一人から五七七四人に増強した。一九三〇年代前半の華北は日本軍と国民党軍の間で一触即発の緊張状態にあったことがわかる。一方、海軍は米英を仮想敵として軍備拡張を決定した。

一九三七年七月七日、北京郊外の盧溝橋で日本軍と国民党軍が衝突（盧溝橋事件）し、国民政府との間で和平交渉を進めたが、日本国内の世論は「暴支膺懲《ぼうしようちょう》」で沸き返った。これを好機と捉え、戦闘の準備を始めていた海軍は、八月八日に発生した大山事件〈註2〉をきっかけに八月一三日、とうとう上海

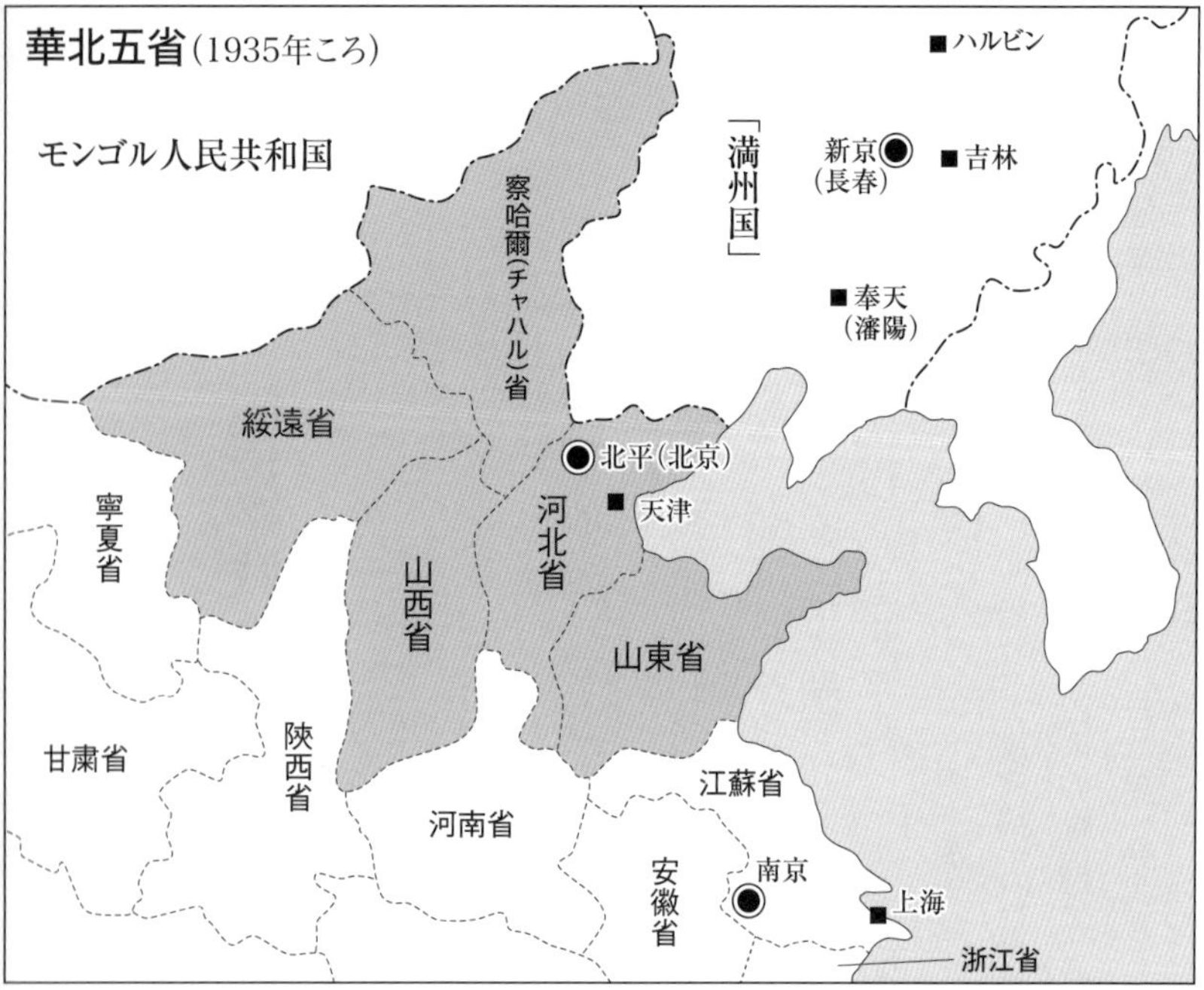

での戦いに突入した（第二次上海事変）。日本海軍は同年八月一四日、一五日と南京への渡洋爆撃（九州の大村、台湾の台北から出撃）を決行した。宣戦布告もないままの中国政府の首都南京への爆撃は明らかに戦時国際法違反だった。一四日夜、近衛内閣は「暴支膺懲」の帝国声明を発表、中国との全面戦争に発展した。

三カ月にわたる激戦を制し、上海を占領した日本軍は進路を南京へと向けた。現地軍（中《なか》支那方面軍、司令官・松井石根《いわね》大将）の独断専行である。上海戦で消耗した日本軍は食糧補給も装備も輸送も不十分なままだった。世界では日本の中国侵略を非難する声が高まっていた。

日本軍は南京で何をしたのか

東京朝日新聞　昭和十二年八月十六日（月曜日）
荒天の支那海を翔破・敵の本據空爆
長驅・南京、南昌を急襲
敵空軍の主力粉碎
勇猛無比・我が海軍機
首都南京を震撼し
壯絶・大空中戰を展開
空前の戰果收めて歸還

南京渡洋爆撃を大々的に報ずる『東京朝日新聞』（1937年8月16日）

一九三七年一二月一日、大本営は南京攻略を下令し、迎え撃つ中国軍は軍隊の統制も不十分なまま一三日には陥落した。新聞は「南京城に日章旗が翻る日はいつか」「どこの郷土部隊が南京城一番乗りを果たすか」など報道合戦のあげく国民はその日を興奮して心待ちにした。南京陥落は時間の問題と見ていた新聞社は日付だけを空けて号外を用意していた。

日本軍は、南京への進軍の過程で「糧食を敵に求む」という現地調達主義の下、住民から食糧を奪う略奪行為を繰り返していた。上海戦が終われば日本に帰れると思っていた日本軍兵士たちは、そのまま南京へと進軍させられた。兵士たちは疲弊し、軍紀も緩み、徒歩で上海から南京までおよそ三〇〇キロの強行軍を強いられたため、民家で食糧を奪い、男は殺し、女は強姦する行為が当たり前になっていった。軍の上官たちも兵士のガス抜きとして、性暴力行為を黙認した。これはまさしく国際法違反行為に他ならなかった。このことが、南京入城後の大虐殺を引き起こすのである。

南京攻略戦において約二〇万人の大軍で南京を包囲した日本軍は、中国兵もしくはそう思われるものも含め殲滅つまり皆殺しを狙った。日本は「捕虜の待遇に関する条約」は締結していなかったが、加盟しているハーグ陸戦条約は捕虜を殺害することは禁じていた。日本軍はあえてそれを守ろうとしなかった。

一二月一二日、日本軍が城壁と門を破壊して入城すると、中国軍兵士と市民は著しい混乱状態に陥った。南京に入城した日本軍第一六師団長中島今朝吾《けさご》は一二月一三日の陣中日記に以下のことを記している。「大体捕虜はせぬ方針なれば……佐々木部隊丈《だけ》にて処理せしもの約一万五千……」。日本軍は入城するや否や片っ端から城内の人びとを殺戮していった。

一二月一三日、「南京陥落戦勝祝賀大会」が読売新聞社主催で後楽園スタジアムで開催され、集まった一〇万人が「君が代」を歌い、南京陥落を祝った。翌一四日は全国の小中学校は休校となり、各地で提灯行列が行われ、昭和天皇からは「勇猛果敢なる追撃をおこない、首都南京を陥《おとしい》れたることは深く満足に思う」という「御言葉」が発せられた。天皇はじめ国民の熱狂に応えるためにも南京入城式を急ぐ必要があった。入城式が静粛に行われるために、城内外での敗残兵などを掃討する必要があった日本軍は、南京城区だけでなく農村部まで徹底的に捕虜などの敗残兵、疑わしい者たちを集め、長江岸の広大な空き地で銃殺し、石油をかけ焼却したあと、遺体を長江に流した。

多くの日本人は、南京陥落の喜びに酔いしれ、南京で展開されている阿鼻叫喚の様子を全く知るよしもなかった。

日本軍の行為は隠そうとしても隠しおおせるものではなかった。世界各国の新聞で良心ある報道が行われた。最初の報道はシカゴデイリーニュース一二月一五日付けの記事だ。「南京を去る際、われわれの目に入った最後の場面は、三〇〇人の中国人が長江に臨む城壁の前に順番正しく処刑され、そこでの死体が膝ほどの高さであった。これは数日来狂った南京風景の最も典型的なシーンである」。日本軍はこれらのことを隠蔽するために外国人記者を南京から退去させた。日本国内の新聞報道に関しても残酷な写真を不許可にしたり、南京は日本軍によって秩序が保たれていることを印象づけるために、日本軍兵士が南京市民と親しげにしたり、子どもたちの治療にあたっている粉飾した写真を新聞に掲載させた。外国人記者は、このニセ報道に対して強く反発し、真実を暴露した。

戦後、極東国際軍事裁判（東京裁判）と南京軍事法廷（南京裁判）において南京大虐殺は日本軍の犯罪として裁かれた。

極東国際軍事裁判の判決文では、虐殺について「日本軍によって占領された最初の六週間内、南京市内と付近地区における虐殺された平民と俘虜の総人数は二〇万人を超えた」とされた。

南京裁判では「捕らえられた中国の軍人・民間人で日本軍に機関銃で集団殺害され遺体を焼却、証言を隠蔽されたものは、一九万人余に達する。このほか個別の虐殺で、遺体を慈善団体が埋葬したも

南京攻略戦の参加部隊

（陸軍）
中支那方面軍
松井石根大将

- 上海派遣軍　朝香宮鳩彦王中将
  - 第九師団　吉住良輔中将
    - 歩兵第六旅団　秋山義兌少将
      - 歩兵第七連隊　伊佐一男大佐
      - 歩兵第三五連隊　富士井末吉大佐
    - 歩兵第一八旅団　井出宣時少将
      - 歩兵第一九連隊　人見秀三大佐
      - 歩兵第三六連隊　脇坂次郎大佐
    - 騎兵第九・山砲兵第九・工兵第九・輜重兵第九連隊
  - 第一六師団　中島今朝吾中将
    - 歩兵第一九旅団　草場辰己少将
      - 歩兵第九連隊　片桐護郎大佐
      - 歩兵第二〇連隊　大野宣明大佐
    - 歩兵第三〇旅団　佐々木到一少将
      - 歩兵第三三連隊　野田謙吾大佐
      - 歩兵第三八連隊　助川静二大佐
    - 騎兵第二〇・野砲兵第二二・工兵第一六・輜重兵第一六連隊
  - 山田支隊（第一三師団の一部）
    - 歩兵第一〇三旅団　山田栴二少将
      - 歩兵第六五連隊　両角業作大佐
  - 第三師団先遣隊
    - 歩兵第六八連隊　鷹森孝大佐
  - 他に第一三師団主力は長江北岸、第三師団主力と第一一師団、第一〇一師団は後方警備
- 歩兵第一一旅団
  - 歩兵第一三連隊　岡本保之大佐

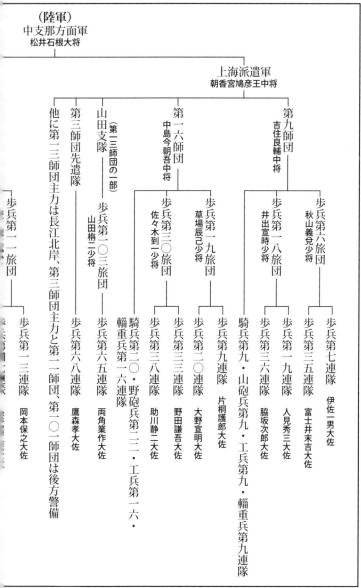

- 第一〇軍　柳川平助中将
  - 第六師団　谷寿夫中将
    - 歩兵第三六旅団　牛島満少将
      - 歩兵第二三連隊　岡本鎮臣大佐
      - 歩兵第四五連隊　竹下義晴大佐
    - 騎兵第六・野砲兵第六・工兵第六・輜重兵第六連隊
  - 第一一四師団　末松茂治中将
    - 歩兵第一二七旅団　秋山充三郎少将
      - 歩兵第六六連隊　山田常太中佐
      - 歩兵第一〇二連隊　千葉小太郎大佐
    - 歩兵第一二八旅団　奥保夫少将
      - 歩兵第一一五連隊　矢ヶ崎節三中佐
      - 歩兵第一五〇連隊　山本重省中佐
    - 騎兵第一八大隊・野砲兵第一二〇・工兵第一一四・輜重兵第一一四連隊
  - 国崎支隊（第五師団の一部）　国崎登少将
    - 歩兵第九旅団
      - 歩兵第四一連隊　山田鐵二郎大佐
  - 他に第一八師団は蕪湖方面

（海軍）

- 支那方面艦隊　長谷川清中将
  - 第三艦隊　長谷川清中将兼任
    - 第一一戦隊　近藤英次郎少将
      - 安宅、堅田、鳥羽、八重山、栗、栂、蓮、保津、比良、勢多、嵯峨、二見、熱海、第二四駆逐隊（山風、海風、江風、涼風）、第一水雷隊（鵲、鴻）

※笠原十九司著『南京事件』（岩波新書）80-81頁「図1　南京攻略戦の参加部隊」を元に作成

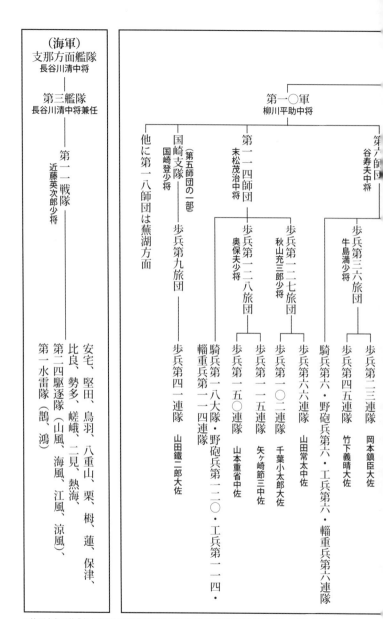

のが一五万体余ある。被害者総数は三〇万人以上に達する」とされた。これが中国政府の言う三〇万人の論拠となっている。

この虐殺の事実は記者だけでなく、人道的な思いから南京の人びとを助けた人たちの証言にも記されている。ドイツ人のジョン・ラーベは南京安全区国際委員会の長として六〇〇名余の避難民を救済した。ミニ・ヴォートリンは国際赤十字南京分会の委員として、子どもと女性の壁となり多くの婦女子を救った。日本軍と対峙し続けた彼女はうつ病にかかり、帰国後自殺している。アメリカ人牧師ジョン・マギーは南京安全区国際委員として日本軍の虐殺行為を映像で記録。中国人も同胞のために難民の救助を続けた。彼らの取り組みを南京の人たちは忘れていない。人道のためにすべてを捧げた人びとの姿を見れば見るほど、その対極にある日本軍の行為を私たちは見つめなければならない。

生き残った人びとの証言

生存者の夏淑琴の証言を紹介したい。夏は一九三〇年生まれで、日本軍が来たときは七歳で、家族九人のうち七人を殺された。

一九三七年一二月一三日午前一〇時ごろ、……銃剣を持った日本兵が私の家に侵入してきたのです。父が最初に日本兵を見て、家の中に向かって逃げようとしたところを、日本兵の銃で撃たれて殺されました。……母は、日本兵が家の中まで侵入してくるとは思わなかったので、テーブ

夏淑琴（『体験者27人が語る南京事件』から転載）

ルの下に隠れていました。……私もテーブルの下にもぐりました。……日本兵は……私をテーブルの下から引っ張り出して、その部屋の外に押し出しました。それで私は、別の部屋で、妹と祖父、祖母と一緒になって隠れていました。母のいた部屋の方から、恐ろしい叫び声と悲鳴が聞こえました。そのとき母は、まだ満一歳にならない妹を抱いていました。後で分かったことですが、その私の妹を、日本兵が母から取り上げて壁に投げつけ、殺してしまったのです。

日本兵たちが私の母を強姦したあと、私たちのいる部屋に入ってきました。その時、私たち四人の姉妹は、祖父と祖母のベッドに座り、祖父と祖母はベッドの頭の所に座っていました。日本兵は侵入してくると、祖父と祖母をピストルで撃ち殺しました。それから一人の日本兵が上の姉をテーブルの上に引っ張っていって強姦したのです。下の姉は日本兵にベッドの端に引っ張っていかれて強姦されました。

私と妹は、泣き叫んだので、私は日本兵に三カ所を刺されて、気を失ってしまいました。だいぶたって気がついてみると、妹が母の名前を呼びながら泣いていたのです。私は妹の手を引いてその部屋を出て家の中を見回りましたが、家にいた人たちはみんな死んでいました。

（笠原十九司『体験者27人が語る南京事件』より）

夏は二〇〇六年、夏をニセ証言者とした書籍の著者と出版社を相手取って、東京地方裁判所に名誉棄損の裁判を起こした。夏は日本政府は事実を認めて謝罪するようにと要求した。二〇〇九年、最高裁判決で夏は勝訴して、南京大虐殺の事実が認定された。この裁判では、多くの日本人の若者グループが「南京への道・史実を守る会」を結成して、支援した。

なぜ、日本人が中国でやったことを知らなければならないのだろう

中国の南京市には南京大虐殺の全貌を展示する記念館がある。この記念館は「侵華日軍南京大屠殺遇難同胞紀念館」（以下、紀念館とする）の館名で抗日戦争終結四〇周年に当たる一九八五年八月一五日に開館した。そして、南京大虐殺七〇周年の二〇〇七年一二月一三日に旧資料館のほかに新資料館、和平公園が拡張建設され、新たに開館した。

紀念館の展示は、史実を重視し、東京裁判と南京裁判の法理にもとづき、記憶伝承の役割を担い、人権に着眼し、国際的視野に立って平和を呼びかけようとするものだ。加害の側の人間として展示を見ることは非常に苦しく重いものがある。しかし、日本への復讐や怨嗟の感情を掻き立てるものではなく、最後の展示室の壁面には大きく「前事不忘　後事之師」（過去の経験を忘れないで将来の戒めとする）という周恩来の言葉が記されている。中国の戦国時代の書物『戦国策』にある言葉を引用し、周恩来が日中国交正常化の席上で言った言葉だ。

この言葉で展示が結ばれていることからも、歴史に背を向けるのではなく、歴史を教訓に未来を築いていかなければならないのである。

日本で現在、中学生が使っている教科書の中で全国で最もシェアの大きい東京書籍の「南京大虐殺」に関する教科書の記述を紹介しよう。

本文には「日本軍は、一九三七年末に首都の南京を占領し、その過程で、女性や子どもなど一般の人びとや捕虜をふくむ多数の中国人を殺害しました（南京事件）。」、脚注に「この事件については『南京大虐殺』とも呼ばれています。被害者の数についてはさまざまな調査や研究が行われていますが、いまだに確定していません。」とある。

南京大虐殺のような日本の加害事実を矮小化しようとする動きの中で、これらの教科書記述だけで南京で起きたことを理解することは難しい。しかし、過去の経験を忘れないで将来の戒めとするならば、日中の間で起きたこの痛ましい歴史に目を閉ざすわけにはいかないのではないだろうか。自国の侵した残虐な史実に向き合うには勇気と誠実さがいる。

被害者として勇気ある証言をしてきた人びとの思いは共通している。それは、次の世代に戦争の残虐性・悲惨さを伝えたいという思いだ。

〈註1〉一九〇一年、義和団戦争の終結後、日本も含めた列強と清朝政府が締結した北京議定書に基づき編成された軍隊で、当初は清国駐屯軍として、日本の公使館や在留邦人の保護を担うことになった。その後、清国の滅亡にともない一九一二年に支那駐屯軍と改称した。

〈註2〉盧溝橋事件を日中全面戦争拡大の好機とみた海軍軍令部は、一九三七年八月八日夕方、上海特別陸戦隊西部派遣隊長の大山勇夫中尉を乗せた車を中国空軍の機密施設である飛行場に突入させた。大山中尉と運転手は中国軍により銃撃され、殺害された。日本国内では、中国の暴挙として、海軍は断固戦うべしという戦意を煽る報道がなされた。海軍が自らの軍事行動を正当化するために仕組んだ謀略事件だった。この事件を口実に海軍は上海を攻撃した。

【学びを深めるために】

- 笠原十九司『南京事件』岩波新書、一九九七年
- 笠原十九司『体験者27人が語る南京事件』高文研、二〇〇六年
- 笠原十九司『日中戦争全史　上・下』高文研、二〇一七年

column

日中の架け橋になった人びと

上海市には5・4運動（一九一九年）が始まったころから満州事変・日中戦争・アジア太平洋戦争が拡大した時期に岡山出身の内山完造が開業していた内山書店があった。アヘン戦争に敗れた清は一八四二年の南京条約によって、上海を開港し、イギリスやフランス、アメリカなどの租界〈註1〉が形成され、日本租界があった虹口区は「小東京」と呼ばれた。

一九二〇年代から一九三〇年代にかけて、上海は中国最大の都市として発展し、中国金融の中心となった。上海は「魔都」あるいは「東洋のパリ」とも呼ばれ、ショービジネスが繁栄し、この頃の上海には約三〇〇〇〇人の日本人が居住していた。

一九一六年、完造は妻・美喜と共に神戸港から船で上海に向かった。参天堂大学目薬販売員として中国各地を回る営業活動のためだ。完造が留守がちなため自分も何か仕事をしたいと思った美喜は上海に書店が少ないことに気づき、見よう見まねで始めたのが内山書店だ。一九一九年に始まった5・4運動によって排日的な動きが強まる中でも、内山書店は繁盛した。

一九二四年には売り場面積も大きくし、本格的な内山書店がスタートした。完造は参天堂大学目薬出張所を内山書店内に置き、次第に書店経営に軸足を置くようになっていった。中国の使用人も雇い、美喜のアイデアで書店の奥の部屋に小さなテーブルと籐の椅子を置いて、文化サロンのようなものも

上海・内山書店跡（撮影：平井美津子）

作った。そこで出したのが美喜の実家がある京都・宇治の玉露茶・雁ケ音《かりがね》だった。

　サロンにはいつしか、『細雪』で有名な小説家谷崎潤一郎や後にゾルゲ事件〈註2〉で処刑される尾崎秀実《ほつみ》、魯迅を師と慕う増田渉《わたる》、中国の若手の文化人の郭沫若《かくまつじゃく》や、プロレタリア文学者、多くの留学生が訪れるようになった。

　魯迅が内山書店を訪れたのは、一九二七年一〇月五日のことだった。魯迅は、小説『狂人日記』『阿Q正伝』を書き、優れた文筆家として日中両国ですでに知名度が高かった。日本留学経験もある魯迅は、プロレタリア文学への関心も高く、蒋介石率いる国民党からは監視される存在だった。三三年二月二〇日に小林多喜二が特高警察に逮捕され、拷問の末に殺害された時にも、日本語で「同志小林多喜二ノ死ヲ聞イテ」を書いている。

復元された内山書店の内部（撮影：平井美津子）

> 日本と支那との大衆はもとより兄弟である。資産階級は大衆をだまして其の血で界《かい》をえがいた。又えがきつつある。しかし無産階級と其の先駆達は血でそれを洗っている。同志小林の死は其の実証の一つだ。我々は知っている。我々は忘れない。我々は堅く同志小林の血路に沿って前進し握手するのだ。
>
> 魯迅

魯迅は毎日のようにやってきては、美喜の淹れた雁ヶ音を飲むようになった。その後、内山書店は現在の場所（北四川路二〇五〇号）に移転した。

一九三二年、第一次上海事変〈註3〉勃発。中国の革命運動に積極的に関わっていた魯迅は日本当局に狙われていた。同年一月三〇日、魯迅の自宅に日本軍がやってきた。魯迅は家族を連れて内山書店に避難した。逆に、内山が中国側からスパイの疑いをかけられた時には、魯迅が完造らを守った。いつしか二人は国境を越えて最も信頼しあえる同志になっていた。

一九三三年四月、魯迅は書店から約二〇〇メートルのアパートに引っ越した。完造の家からも数分で行ける。何かあった時に、すぐに駆けつけることができるようにという完造の計らいだった。魯迅は孫文夫人宋慶齢らの呼びかけで国民党蒋介石政権に対抗する中国民権保障同盟を結成し、執行委員となった。しかし、魯迅は肺疾患に蝕まれていた。

魯迅は一九三六年一〇月一九日早朝に亡くなった。五六歳だった。魯迅のデスマスクとデススケッチが作られた。スケッチを描いたのは平塚らいてうの夫である画家の奥村博史だ。魯迅の葬儀には六〇〇〇人が葬列をなした。万国公墓の礼堂に到着した魯迅の棺を前に、魯迅にゆかりのある人びとが告別の言葉をささげた。完造も葬儀委員の一人として次のように述べている。

「道ははじめにあるのではない、人が歩いて後にできるものである」

私はこの先生の言葉を思う毎に、果てしない曠野《こうや》の中を只《ただ》一人、淋しくも鮮やかに足跡を印《しる》しつつ静かに歩く先生の姿が彷徨《ほうこう》として見えてくる。希《ねが》わくば諸君、その足跡をして雑草に覆わしむること勿《なか》れ。希わくば諸君、この足跡をして大道たらしめんがために奮闘努力せよ。

魯迅は「人民が立て、人民が立てば万事がうまくいく」と説き、人民の確立と人間の国の建設を主張した。文学者だけでなく、中国人民の現在と未来のために民族主義を提唱した開拓者であり、建設者であり、人民の保護者でもあった。

一九三七年八月一六日、戦争が上海に拡大される中、完造は書店を休業し日本に戻った。美喜は四四年一月一三日、六〇歳で亡くなった。戦後、完造は「日中友好漫談」と題して、全国各地で新生日本と新生中国の友好について講演し、日本国憲法を語った。五九年、完造は中国人民対外文化協会の招きで訪中したが、そこで倒れ、同年九月二〇日、北京の病院で七四歳の生涯を閉じることになった。完造と美喜は上海の万国公墓に眠っている。

〈註1〉清朝末期からアジア太平洋戦争末期まで、中国に作られた治外法権の外国人居留地。

〈註2〉ゾルゲ事件とは、ドイツ人のリヒャルト・ゾルゲらがソ連のスパイ組織を作り、日本国内で諜報活動などを行っていたとして、一九四一年から翌年にかけてゾルゲと構成員が逮捕された事件。この組織の中には、近衛内閣のブレーンだった元朝日新聞記者の尾崎秀実もいた。

〈註3〉第一次上海事変は一九三二年一月二八日に起きた日本軍と中国国民軍との戦闘である。同年一月に日本山妙法寺の僧侶らが上海租界の外れに差し掛かったところを中国人に襲われ死傷者を出した。これに対して日本人居留民らが武装し、中国官憲と衝突、双方に死者を出した。これは、関東軍による「満州国」建国の策動から国際社会の批判の目をそらせるために日本が仕組んだ謀略だった。日本軍は約四万の兵力を送り込んだが、国際連盟の勧告で同年五月五日、停戦協定に基づき、上海から撤退した。

【学びを深めるために】

- 内山完造『そんへぇ・おおへぇ―上海生活三十五年』岩波新書、一九四九年
- 本庄豊『魯迅の愛した内山書店』かもがわ出版、二〇一四年

9 「慰安婦」問題ってなんだろう

日本軍「慰安婦」制度とは

日韓の外交問題のひとつとして取り上げられる「慰安婦」問題。ネットで調べると、「金を貰っていた売春婦だった」「もう解決したこと」といった言葉が頻繁に登場する。果たしてそうなんだろうか、考えてみたい。

日本軍「慰安婦」制度とは、一九三二年の第一次上海事変から四五年に日本が敗戦するまでの間に日本軍が侵攻していったアジアの各地域に「慰安所」を作り、女性たちに日本兵の性の相手を強制させていた制度だ。軍が慰安所を作った理由は、占領地で日本軍による強姦事件が多発したからだ。軍は中国における反日感情の悪化をおそれ、慰安所の設置を指示した。

慰安所には三つの形態があった。一つ目は軍直営の慰安所、二つ目は軍が経営を民間に委託した軍専用の慰安所、三つ目は民間の売春宿を軍が一時的に軍専用にした慰安所だった。

「慰安婦」にさせられた女性は、朝鮮半島の女性と思われがちだが、日本、中国をはじめ台湾やフィリピンなど東南アジアやオランダの女性もいた。そのため、この問題は決して日韓に限った問題ではない。彼女たちの多くは、人身売買や騙されて連れてこられたり、暴行や脅迫などによって集められ、軍用船や軍用トラックでアジア各地に送られていった。日本政府は過去に「業者がやっていた」と言ったが、三つの形態の慰安所すべてに軍が積極的に関わり、移送の面でも軍なしにはできなかった。

　彼女たちが連れていかれた慰安所は、軍が建物の設営や確保を行い、利用規則や料金も軍が決め、「慰安婦」登録と性病検査、慰安所の管理などすべてに軍が関わっていた。彼女たちが日々どんな暮らしをしていたか、「慰安婦」被害者で、日本政府を相手取って裁判を起こした宋神道の証言を読んでみよう。

> とにかく言葉が通じないから。とにかく嫌なら嫌だと今ならばしゃべれるけど、オレは無学でしょう。学校も出ていないから。だから字も読めないし、言葉も通じないし、大変苦労だったんだって。（中略）入れ替わり立ち替わりね。（中略）おまえは別の仕事をやらせるために連れて来たんじゃないとか、それで殴られる。帳場（引用者註：慰安所を仕切る役割をする人）には殴られる。軍人たちには殴られる。本当に殴られ通しだよ。（中略）足で蹴っ飛ばしたりね。あんな大きな手さ。窯の蓋みたいな手で引っぱたかれてごらんなさい。だから耳が遠くなっちゃって、片

一方聴こえないし、大変だよ。

（「宋神道本人尋問調書」『オレの心は負けてない──在日朝鮮人「慰安婦」宋神道のたたかい』在日の慰安婦裁判を支える会編、樹花社、二〇〇七年）

彼女たちは逃げ出したくても逃げ出せない状況で、拒否しようものなら兵士から暴力をふるわれ、命の危険がある中で性暴力に耐えていたのだ。

「慰安婦」の存在が日本国内で広く知られるようになったのは、一九九一年八月一四日、金学順が自ら顔も名前も公表して、記者会見をしたことがきっかけだ。この動きに応えて、日本政府は調査し、一九九三年、河野官房長官がいわゆる河野談話を発表した。そこには、「当時の軍の関与の下に、多数の女性の名誉と尊厳を深く傷つけた」と認め、「お詫びと反省の気持ち」を述べるとともに、「**歴史の真実を回避することなく、むしろこれを歴史の教訓として直視し**」「**歴史研究、歴史教育を通じて、このような問題を永く記憶にとどめ、同じ過ちを決して繰り返さないという固い決意を改めて表明する**」と結んだ（慰安婦関係調査結果発表に関する河野内閣官房長官談話　一九九三〈平成五〉年八月四日　https://www.mofa.go.jp/mofaj/area/taisen/kono.html）。

この談話が出された当時、多くの人が「慰安婦」問題は解決に向かっていくに違いないと期待を持った。

被害者を置き去りにした「解決策」

河野談話の後、日本政府がやったことは、一九九五年の「女性のためのアジア平和国民基金」の創設だった。この基金は、①被害者への償いのための基金設置のための募金、②被害者の医療や福祉への拠出金、③政府による反省とお詫びの手紙、④歴史の教訓とするための歴史資料整備と女性への暴力など今日的問題の解決のための事業支援からなっていた。国民からは五億六五〇〇万円の募金が寄せられ、二八五人に一人当たり二〇〇万円の償い金が支給された。

しかし、これに納得がいかなかった被害者たちもいた。それは、①日本がこの問題について法的責任を果たすものではなく国民からの募金で賄っていること、②被害者の声を聞かずに行われたものであること、③中国や朝鮮民主主義人民共和国は対象外だったことだった。韓国の被害者四九人は、村山富市首相（当時）に次の要請書を出した。「日本政府は、私どもに心から、公式に、謝罪もしないまま、そしてまた、犯罪に対してまともに責任を負わねばならないという法的な義務は回避したまま、国民から募金をして、私どもに見舞金を支給する方針であると言います」「私どもは、日本政府は日本軍『慰安婦』制度の非人道的犯罪性を認め、賠償すべきであると考えます」。

なぜ、日本は正式に法的責任を認め、国家として賠償しないのか。日本政府は、サンフランシスコ平和条約（一九五一年調印、翌年発効）や日韓請求権協定（一九六五年）で日本軍「慰安婦」問題は解決済みで賠償責任はないという態度をとってきた。この協定では、日韓の間の請求権が「完全かつ最終的に解決された」とされてきた。

請求権とはそもそも債務（筆者註：韓国人の未収金や補償金など）に関するものであって、日本軍「慰安婦」問題はこの頃一切議論の場にすら上っていなかったのだ。しかも、この協定によって放棄されたのは、国が相手国に自国民が受けた被害を国の被害とみなして請求する権利のことであって、被害者個人の請求権が放棄されたのではなかった。日本政府は、「解決済み」であるという立場に立って、国家による謝罪も賠償も行わなかった。このことが、被害者たちを分断し、またもや深く傷つけることになった。

一方、二〇一一年に韓国の憲法裁判所は、韓国政府が日本軍「慰安婦」被害者の賠償請求権の問題解決のために努力していないことは違憲行為だ、という判決を下した。これを機に、韓国政府が日本政府に問題解決を呈することになった。この流れを受けて、二〇一五年一二月、日韓両政府が「日韓合意」を発表し、日本政府が韓国の財団に一〇億円を拠出することで「慰安婦」問題は「最終的不可逆的に解決されること」、「平和の少女像」の撤去・移転などが発表された。この合意でも被害者の声は全く聞かれず、政府間だけのやり取りで解決をめざすものだったため、被害者から大きな反発を受け、国連の女性差別委員会も、被害者の意思を尊重していないと問題点を指摘した。韓国は「和解・癒し財団」を設立し、被害者が一人約一千万円を受け取る一方で、最後まで強く反対し受け取らなかった人もいた。宋神道もその一人だった。

中央大学名誉教授の吉見義明氏は日韓合意について以下のように述べる。

日韓「合意」は、被害者の意向を無視したものです。加害者側が、「最終的かつ不可逆的に解決された」ということも言ってはいけないことであり、それを言えるのは、当事者である被害者だけです。結局、日韓両国政府が手を組んで被害者に「もうこれ以上は言うな」と押さえ込む構図を作りました。

（岡本有佳・金富子責任編集『増補改訂版〈平和の少女像〉はなぜ座り続けるのか』世織書房、二〇一六年）

「日韓合意」について韓国内から被害者を置き去りにしたと大きな批判が寄せられる中で、文在寅政権は、被害者の意思を反映していない「日韓合意」では最終的な解決にならないと判断した結果、二〇一八年、「和解・癒し財団」を解散した。

日本軍「慰安婦」のことを知らなければならないのはなぜだろう

中学校や高校で「慰安婦」について学んだ記憶のある人は少ないだろう。河野談話に書かれた決意を実行に移すために、一九九七年、すべての中学校歴史教科書に「慰安婦」が記述されたが、現在では「慰安婦」をまともに記述する中学校教科書は二社（学び舎『ともに学ぶ人間の歴史』と山川出版社『中学歴史　日本と世界』）しかなく、高校教科書でも乏しい記述と言わざるを得ない。「慰安婦」を教えさせまいとする力学が働いているのだ。「日本の加害を教えると日本を愛せなくなる」「中学生に性の話は早い」などともっともらしい理由をつけているが、そうだろうか。

宋神道を取り上げた授業を受けた生徒たちの感想には、自分たちと同じ年ごろの少女が「慰安婦」にされたということへの驚きや悲しみなどが入り混じり、一人の人間への共感が生まれ、他人事ではなく自分の問題として受け止めるものが多い。それは男子にも、自分が兵士になったら自分も慰安所に行くのだろうかという問いを投げかける。

そのうえで、戦争で加害をした国の人間として、その加害に向き合うことが大事だという認識を持つようになる。感想を見ると、日本政府の心からの謝罪が必要だと指摘するもの、カミングアウトした人たちへのリスペクトを表すもの、日本政府の被害者への態度への憤りを書くもの、植民地支配の重大さと実態を伝えていく必要性を訴えるもの、「慰安婦」被害者の心情を考えるもの、自衛隊でのセクハラ問題などとつなぎ現代的な問題として考えるもの、「慰安婦」被害者を支援した人びとの行動について書くもの、「慰安婦」裁判の不当性を訴えるもの、「慰安婦」被害者の言葉から戦争を起こさないために自分に何ができるか考えていこうと書くものなどがある。いずれも、過去を見つめたうえでしか、未来は考えられないという視点に立っているのだ。見たくない過去だから見ないのではなく、見たくない過去でも見ようとしていることが感想に表れている。

「慰安婦」問題は過去の歴史ではなく、現代的な課題をもつ事柄だ。この問題にどう向き合うかに、社会のありようやその成熟度が問われているのだ。だからこそ、「慰安婦」問題を学ぶ意味がある。日本国憲法には一〇三条の条文があるが、その中で基本的人権について述べたものは一一条から四〇条まであり、人権に最も比重が置かれていることがわかる。憲法通りに考えるならば、私たちの社会は人権が常に土台にあって成り立っていると言えるだろう。

では、人権とは？　と聞かれて明確に答えられるだろうか。

国際連合の人権高等弁務官事務所は、「生まれてきた人間すべてに対して、その人が能力を発揮できるように、政府はそれを助ける義務がある。その助けを要求する権利が人権。人権は誰にでもある」と説明する（藤田早苗『武器としての国際人権　日本の貧困・報道・差別』集英社新書、二〇二二年）。

「慰安婦」にされた被害者は明らかに人権を奪われ、踏みにじられてきた被害者である。そして、現在も日本政府は被害者の声を聞かず、その要求を受け止め、応えようとしていない。現代では、本人の同意がない性行為は性暴力というのがグローバルスタンダードになっている。戦時中に絶え間ない性暴力にさらされ、戦後もＰＴＳＤ（心的外傷後ストレス障害）に苦しめられ、自分らしい人生を送ることができなかった被害者たちの名誉回復が今なお実現できていないことは大きな人権侵害なのだ。

日本政府が「慰安婦」問題を解決できていないことについては、国連人種差別撤廃委員会、自由権規約委員会、拷問禁止委員会、社会権規約委員会など多くの国連人権機関が、日本政府に勧告をしてきた。二〇一六年の女性差別撤廃委員会は、被害者の救済に加え、指導的立場にある者や公職者による軽率な発言が被害者に心理的被害を与えるとして、発言を確実に止めさせることも勧告している。世界では、「慰安婦」問題は被害者救済を主眼とした人権問題とされているのだ。

二〇二三年、ジャニーズ事務所における青少年への性暴力が明らかになったことで、性暴力は女性だけの問題ではなくなった。性暴力による被害はその時だけでなく、その後の人生や人格にも影響を及ぼす大きな人権問題だ。戦時性暴力の問題は現在の性暴力問題とも通底していると言える。

「慰安婦」問題はまだ解決していない。たとえ「慰安婦」被害者が誰もいなくなったとしても、被害者の思いに沿う形での解決を目指すことと記憶を継承する取り組みが必要だろう。「慰安婦」問題は過去の歴史ではなく、現在の私たちに突き付けられた問題であり、人権の問題として捉える必要があるのではないだろうか。

【学びを深めるために】

- 平井美津子『新装版「慰安婦」問題を子どもにどう教えるか』高文研、二〇二四年
- 吉澤文寿『日韓会談1965—戦後日韓関係の原点を検証する』高文研、二〇一五年
- 加藤圭木監修、一橋大学社会学部加藤圭木ゼミナール編『「日韓」のモヤモヤと大学生のわたし』大月書店、二〇二一年
- 梁澄子『「慰安婦」問題ってなんだろう?』平凡社、二〇二二年
- 加藤圭木監修、朝倉希実加・李相眞・牛木未来・沖田まい・熊野功英編『ひろがる「日韓」のモヤモヤとわたしたち』大月書店、二〇二三年
- 藤田早苗『武器としての国際人権—日本の貧困・報道・差別』集英社新書、二〇二二年

10 〝捨て石〟作戦の島①　沖縄戦とはどんな戦争だったのか

沖縄戦の始まり

日本は一九三一年の満州事変以降、三七年には日中全面戦争、四一年にはアジア太平洋戦争へと突入した。当初日本は優勢に戦局を展開していたが、四二年のミッドウェー海戦の敗北以降劣勢に陥り、四四年七月にはサイパン島が陥落した。日本の存立のために絶対守らなければならない地域として設定していた「絶対国防圏」の一角が崩れたのだ。大本営は第三二軍を沖縄に送り、牛島満中将が司令官として着任した。四四年一〇月一〇日、米軍機が那覇を襲った（十・十空襲）。那覇市街は壊滅状態に陥り、住民にも多くの被害が出た。沖縄戦は実質的にはここから始まったと言える。

アメリカは日本本土への攻撃を行うためには航空基地・兵站基地として沖縄を確保することで、日本への決定的な打撃を与えようと考えていた。沖縄に米軍が乗り込んでくるのは時間の問題だった。

一九四五年三月二六日、慶良間《けらま》諸島へ米軍が上陸した。いよいよ地上での戦いが始まったのだ。沖縄戦の戦没者数のうち沖縄出身者は六割を超える。これほどまで多くの県民が死ななければならなかったのはなぜだろう。それは、日本政府の方針にあった。大本営は、本土防衛のために敵に損害を与え時間稼ぎのための持久戦を第三二軍に求める決定をした。そして、第三二軍司令部は「軍官民共生共死の一体化」のもと、民間人に対しても軍人と同じように戦闘に全面的に協力するように求めていたのだ。

人も物もすべてを戦争のために

第三二軍は、沖縄県民や沖縄の生産物、所有物など何もかもを戦争遂行のために強制的に徴用した。これを「根こそぎ動員」という。兵役年齢の男性は兵士にされる一方、本土からの援軍を見込めない中で不足する兵力を増強するために兵役年齢以外の男性たちも戦場にかり出された。防衛召集という一七歳から四五歳までの男性が防衛隊に組み込まれる制度だった。彼らの任務は弾薬や食糧など物資の運搬、炊事、負傷兵の運搬や死体の処理、地雷の敷設や伝令などのほかに、夜間の斬り込みや火薬を担いで戦車に突っ込む自爆作戦を強いられた場合もあった。

さらに、当時中学生や師範学校生のようなまだ兵役年齢ではない生徒たちも戦場に動員された。男子学徒は第三二軍が配備された時から校舎を兵舎として使われ、軍作業にかり出されていた。一九四五年三月になると各学校への軍の動員命令により、鉄血勤皇隊や通信隊として一四歳以上の生徒たちは戦場に動員された。県立第一中学校の男子学徒たちは遺書を書くとともに、遺髪も集められた。三三五名のうち約二〇〇名が戦死している。師範学校や高等女学校の女子学徒たちは女子学徒隊として、看護要員のために軍病院に送られ、患者の世話だけでなく、炊事、食糧運搬や水くみ、排せつの世話、汚物処理、死体埋葬など、軍と行動を共にすることによって軍のあらゆる仕事を昼夜を問わず担わされた。ひめゆり学徒隊は二四〇名のうち一三六名が戦死している。男子学徒も女子学徒も、彼らを戦場に動員するための法律はなかった。第三二軍と県の協議の結果、沖縄が戦場になった場合に彼ら彼女らを戦場に動員することを一九四四年一二月の時点で決定していたのだ。

沖縄戦戦没者総数（沖縄県援護課資料より）

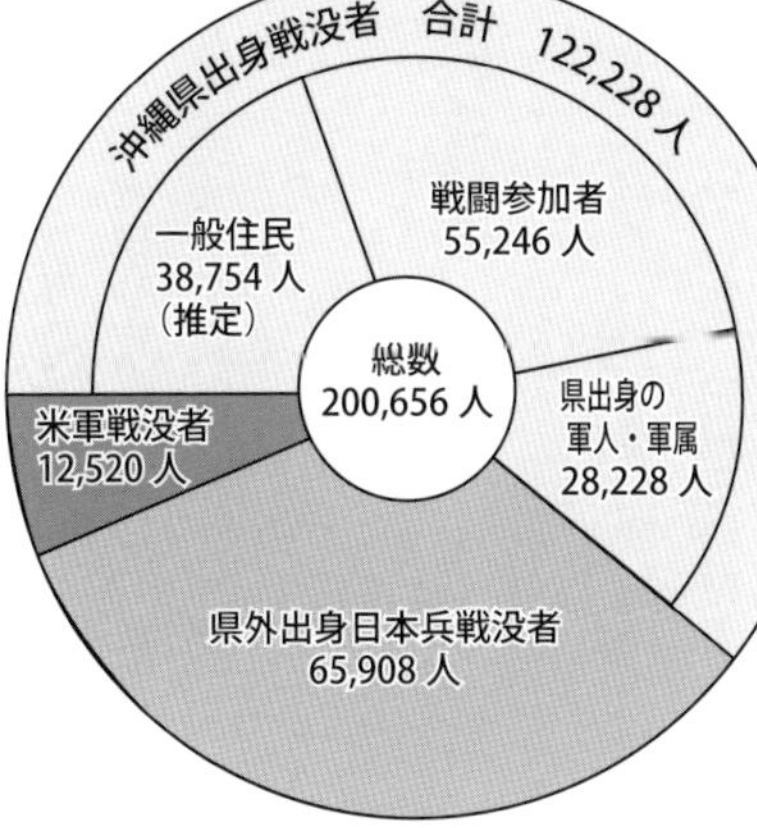

一方、小学生や老人、女性たちは飛行場建設や基地建設、そのための材木の伐採や、土砂運び、壕掘りなどの過酷な労働に日夜かり出された。「小さな子どもがいる」という理由で徴用を断った女性の場合、憲兵が家に来て銃を突き付けられたという証言もある（『第5版 観光コースでない沖縄』高文研）。第三二軍の長勇《ちょういさむ》参謀長は新聞で「戦闘はナタでも鍬でも竹槍でも身近なもので遊撃戦をやること。地の利をいかし、夜間斬り込み、ゲリラ戦で敵に向かうこと」と県民に向けて発表

し、島田叡《あきら》県知事は、「県民総武装」を発し、国民学校高等科（現在の中学一・二年生）の生徒や男女青年団で編成する義勇隊を結成した。

人のほかに、食糧や家畜、土地、家屋、木材や石材なども供出を強いられた。特に食糧供出で飢えに苦しんだ住民は少なくない。この根こそぎ動員こそが、沖縄県民に一二万人を超える死者を出した原因と言えるだろう。

沖縄戦の経過

一九四五年三月二六日、慶良間諸島へ米軍が上陸。四月一日には西海岸の読谷《よみたん》村・北谷《ちゃたん》村に六万人の兵力を上陸させ、北・中飛行場を米軍は占領した。首里城地下に軍司令部を置いていた第三二軍はほとんど抗戦せず、首里で決戦をする持久戦を取った。三日には米軍は本島東海岸に到達し、沖縄本島は南北に二分された。九日には嘉数《かかず》高地で激戦が展開され、その先の前田高地でも白兵戦がくり広げられた。北部方面に進行した米軍は四月二一日には北部を制圧した。

一方、首里陥落が決定的となった五月二二日、第三二軍は南部撤退を決定した。しかし、南部には多くの県民がいた。第三二軍は撤退に際し、この県民たちを非戦闘地域に避難させることをしなかった。第三二軍にとって重要なのは県民の命ではなく、いかにして持久戦を遂行するかだった。そのことが、南部での大きな混乱を引き起こし、莫大な死者を生み出すことにつながったのだ。

沖縄県南部の南風原《はえばる》町では戦死者のうち約三八％が六月以降に亡くなっており、県内で見ても六月

沖縄戦経過略図

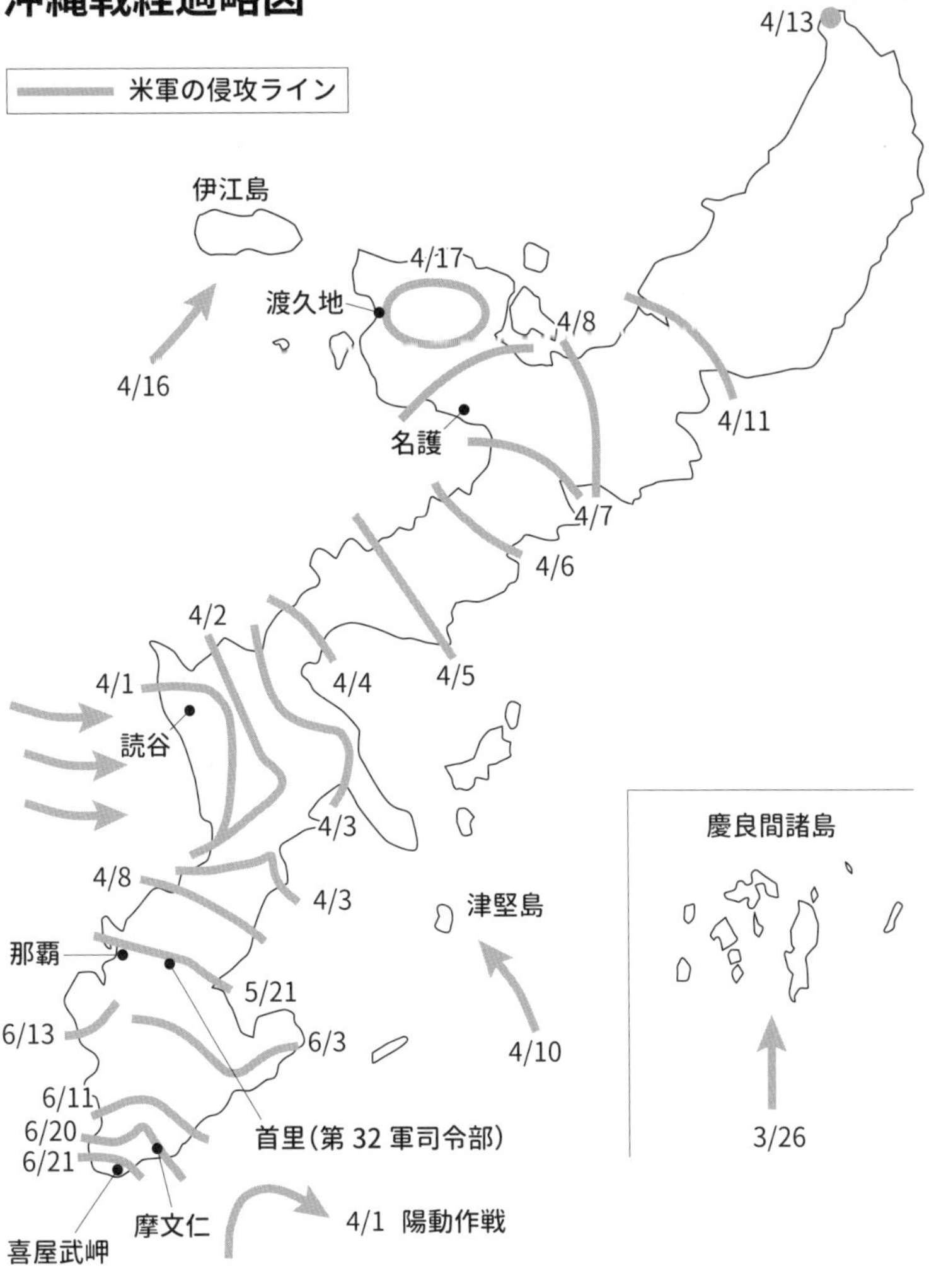

出典：沖縄県平和祈念資料館ＨＰ「沖縄戦の戦闘経緯」図をもとに作成

1945 年 9 月 7 日、南西諸島日本軍の降伏調印式（写真提供：沖縄県公文書館）

に入って戦死者数が激増している。三二軍の南部撤退によって、住民が暮らしていた場所が戦場になっていったと言える。

六月に入り梅雨になると両軍ともに疲弊は激しくなった。米軍は二度にわたって降伏勧告を行ったが第三二軍は返答しなかった。そして、六月二三日、第三二軍の牛島司令官と長参謀長は自決した（六月二二日説もある）。自決に先立ち牛島は、残された各部隊の兵士たちに対して「最後まで敢闘し悠久の大義に生くべし」と残存部隊で最後まで戦い抜けという命令を言い残した。当時の軍は「上官の命令は天皇の命令」と教え込まれていたため、ここからゲリラ戦が始まっていくのだ。

沖縄では六月二三日が沖縄戦「慰霊の日」とされ、沖縄戦での日本軍の組織的な戦闘が終わった日となっている。それはこの日に、第三二軍司令官の牛島満中将が自決したとされているからだ。戦後、米軍統治下にあった一九六一年に琉球政府が法律で「慰霊の日」を休日と定めた。しかし、実際は牛島中将の自決後も戦闘は続き、大本営は六月二五日に沖縄終戦を発表したが、米軍が沖縄作戦終了を宣言したのは七月二日のことだった。また、米軍と現地の日本軍の間で降伏調印式が行われたのは九月七日だった。

沖縄の人びとの被害の実相

沖縄県民にはどのような被害がもたらされたのだろう。ここに被害の諸相を上げてみたい。

まずは、米軍による被害だ。疎開船対馬丸などの撃沈〈註1〉、空襲、艦砲射撃、砲爆撃、馬乗り攻撃〈註2〉、女性への強姦などが上げられる。また、アメリカとの戦闘で巻き込まれて被害に遭うというものとは別に、日本軍による被害が多かったのが沖縄戦の特徴だ。どのようなことが起きたか、見ていこう。

◈スパイ視虐殺

一九四五年五月、沖縄本島北部の大宜味《おおぎみ》村渡野喜屋《とのきや》ではすでに戦闘は終わり、数件の民家に避難民が米軍によって収容されていた。ところが、そこに山中に立てこもっていた日本軍がやってきて三〇人の避難民が米軍に通じたとして虐殺されている。今帰仁《なきじん》村でも国民学校の校長がスパイだとされ日本軍に斬殺されたり、地域の指導者が日本兵から「米軍に通じる奴は国賊だ。生かしてはおけぬ」と言って殺害される事件が相次いだ。

◇ガマ追い出し・食糧強奪

沖縄にはガマと呼ばれる鍾乳洞が多くある。南部に追い詰められていった住民が鉄の暴風〈註3〉から身を守るところがあるとすればガマしかなかった。南部には巨大なガマもあったが、人が押し寄せ身動きもとれないほどになっていたところが多い。そこに首里を撤退してきた日本軍がやってきたのだ。住民たちのくらしは一変した。日本軍がガマを取り上げ、ガマから追い出されたあげくに鉄の暴風で命を失う住民。幼児を泣かせるなと日本兵が幼児を殺害したり、母親に殺害を命じることもあった。ガマにいる子どもを殺してわずかな食べ物の黒砂糖を奪った兵士もいた。そして、米兵の投降の呼びかけに対しても日本兵から「投降すると殺す」と言われ、ガマから出られなかった住民もいた。ガマに避難していた住民に対する日本軍の加害行為については多くの証言が残されている。

◇「集団自決」

一九四五年三月二六日、米軍が座間味《ざまみ》島に上陸し、一七一人が「集団自決」をしている。同じく三月二七日、米軍が渡嘉敷《とかしき》島に上陸し、三二九人が「集団自決」をしている。四月一日には、米軍が読谷村に上陸し、チビチリガマで八三人が「集団自決」をしている。他に県内各地で「集団自決」が発生した。

当時、沖縄に駐留していた日本兵や在郷軍人は、米英軍を「鬼畜米英」と呼び、「男は八つ裂きにして、女は強姦される」などという表現で、住民に対して米英軍の残虐さを刷り込んでいた。一方、第三二軍からも常に監視されるような対象として見られていた沖縄の県民は第三二軍に逆らえず、米

沖縄戦での住民殺害と「集団自決」

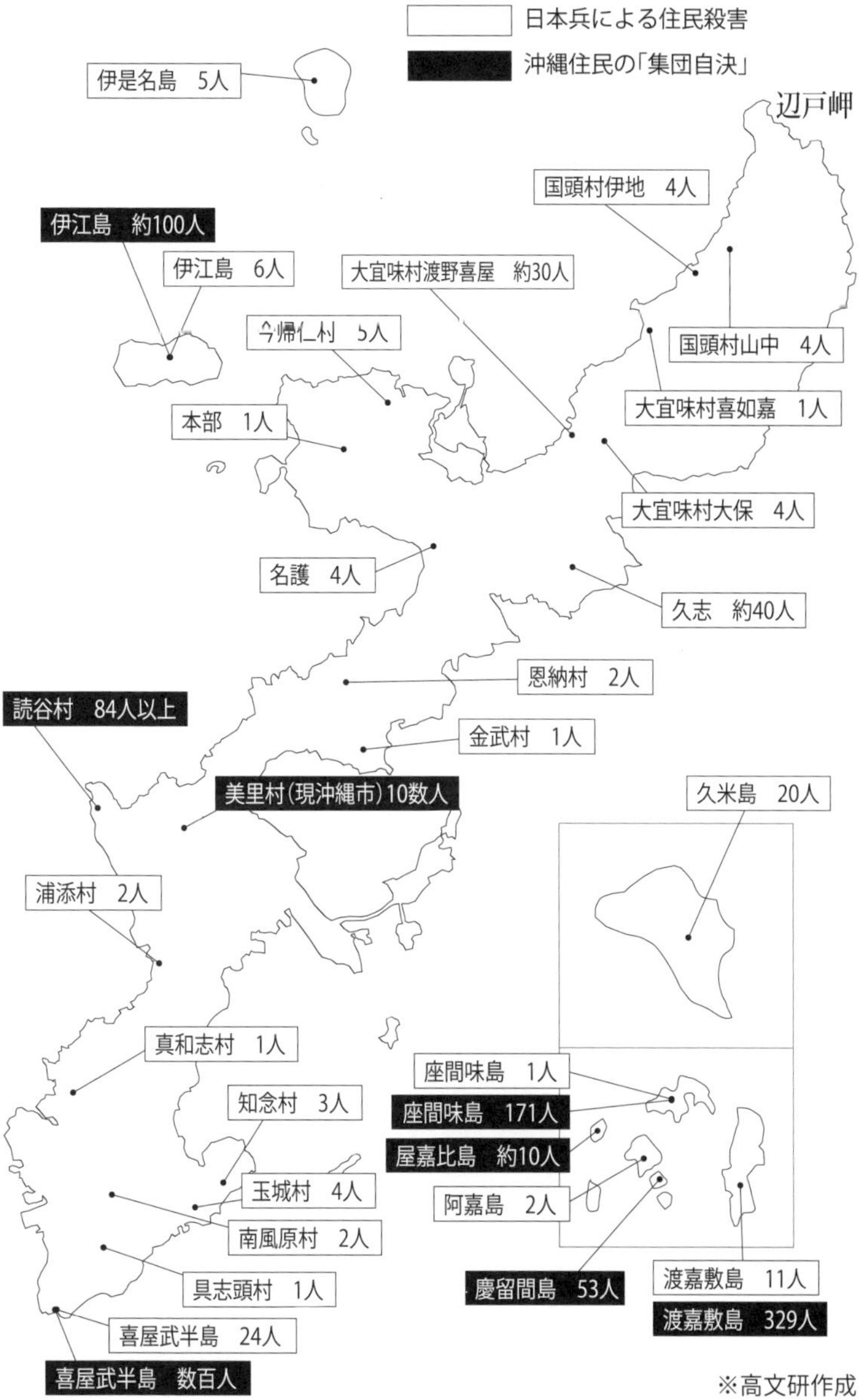
日本兵による住民殺害
沖縄住民の「集団自決」
伊是名島　5人
辺戸岬
国頭村伊地　4人
伊江島　約100人
伊江島　6人
大宜味村渡野喜屋　約30人
今帰仁村　5人
国頭村山中　4人
本部　1人
大宜味村喜如嘉　1人
大宜味村大保　4人
名護　4人
久志　約40人
恩納村　2人
読谷村　84人以上
金武村　1人
美里村（現沖縄市）10数人
久米島　20人
浦添村　2人
真和志村　1人
座間味島　1人
知念村　3人
座間味島　171人
屋嘉比島　約10人
玉城村　4人
阿嘉島　2人
南風原村　2人
具志頭村　1人
慶留間島　53人
渡嘉敷島　11人
喜屋武半島　24人
渡嘉敷島　329人
喜屋武半島　数百人
※高文研作成

軍にも投降できない状況で、軍の強制や誘導によって「集団自決」に追い込まれていった。

◈「戦争マラリア」

一九四四年一〇月一〇日、石垣島は米軍による機銃掃射を受け、四五年三月下旬から米英軍による空襲が激しくなった。沖縄の攻撃には米軍だけではなく英軍も参加しており、英軍には先島《さきしま》諸島攻撃の任務が与えられていた。先島諸島への上陸も近いと判断した独立混成第四五旅団は、迎撃態勢を整備するために各島の人びとの指定地域への避難を命令した。先島諸島には最終的に米軍が上陸することはなかったが、この強制避難が大きな被害をもたらすことになったのだ。それが「戦争マラリア」だ。強制的に避難させられる西表《いりおもて》島がマラリア有病地だと知っていた波照間《はてるま》島の人びとは避難を躊躇した。ところが、陸軍中野学校を出て離島工作員として波照間島の教員に偽装していた山下虎雄は刀を抜いて「疎開に反対する人は切り殺す」と脅迫した。避難させられた人びとは、マラリアにり患し、食糧難による栄養失調に加え、薬もなく、波照間島の戦時中の人口一六七一人のうち、戦没者は五九三人、そのうちマラリアによる死者は五五二人にのぼった。これは単に病気で死亡したのではなく、明らかに日本軍の作戦によって奪われた命と言える。

地域や戦闘の状況などによって被害の姿はさまざまに異なる。沖縄県民にしてみれば、「友軍」として自分たちを守ってくれると思っていた日本軍が自分たちに矛先を向けてきたことへの衝撃は大きかった。

なぜ日本軍によってこれほど多くの沖縄県民が命を奪われることになったのだろう。それは、やはり住民を盾にした形での持久戦が採られたことが大きい。第三二軍にとっては本土決戦の準備が整うまでは、県民の命を守ることよりも何としても米軍との戦争を長引かせることが目的だったのだ。

また、当時の沖縄県民に対する日本軍の蔑視や差別意識の問題も大きかった。沖縄県民はあらゆる動員に従事し、自らがあずかり知らないうちに日本軍の機密を知ることになっていった。「防諜に厳に注意すべし」と訓示していた第三二軍は、沖縄県民を機密を知る立場に追い込みながら、スパイ行為をする存在と決めつけ、監視の対象にしていたのだ。米軍に捕まれば県民は機密を漏らすに違いないと考えた第三二軍は、うちなーロ（方言）で話せば「スパイ」、米軍に捕まれば「スパイ」と決めつけ、米軍に捕まらせないために住民を「集団自決」に追い込んだり、殺害することをためらわなかった。

◈「慰安婦」と朝鮮人軍夫

沖縄戦では、沖縄県民以外の被害の様相もあることを最後に書いておきたい。

沖縄にやってきた日本軍は、真っ先に慰安所設置を沖縄県に命じた。その結果、日本軍部隊が駐屯する地域に慰安所が設置された。沖縄の研究者の調査によるとその数は一四四カ所に上っている。建物は大きな民家や公民館を接収し、運営方法は《「慰安婦」問題ってなんだろう》（本書一一〇頁参照）と同じ形がとられた。「慰安婦」にされたのは、沖縄にあった遊郭の女性や朝鮮半島から連れてこられた女性たちだった。沖縄戦になると軍とともに行動をさせられた。首里城地下に置かれた第三二軍の司令部にも「慰安婦」はいた。沖縄戦を生き残った女性たちは収容所に収容され、孤児院などで孤児の世話をした女性たちもいた。一五〇人の朝鮮人女性が一九四五年一一月、沖縄から朝鮮に送還されたが、帰国船が出ることを知らないまま、ペ・ポンギのように沖縄に取り残された女性もいた。

沖縄に連れてこられたのは「慰安婦」だけではなかった。国民徴用令によって連行された朝鮮人軍夫たちだ。約一〇〇〇人がいたとされ、飛行場建設・弾薬運搬・壕掘りなどをさせられた。阿嘉島では、島の食糧を盗んだとして、ただそれだけの理由で一二名が処刑されている。

沖縄戦を知らなければならないのはなぜだろう

沖縄には今日も多くの観光客が国内外から押し寄せている。多くの人びとは青い海と青い空を求め、日ごろの喧騒を離れて沖縄でのんびりしようとやってくる。沖縄を歩いていて、よほど意識しない限り沖縄戦の痕跡を見つけることはできない。でも、あなたが歩いているその足元、そこにおよそ八〇年前、火炎放射器で焼かれた人の死体が転がり、焼け跡を親を亡くした子どもがあてどなく歩いていた現実があった。サーフィンを楽しむ人たちがいる海は、海面が見えなくなるくらい米軍の艦船が押し寄せていた。沖縄本島南部の摩文仁《まぶに》の海岸は追い詰められた人たちがその崖から飛び降りたところだ。沖縄に行く時にそんな想像力を少しでいいから働かせてほしい。そして、一人の証言でもいいから、その言葉に触れてほしい。今はYouTubeなどの動画でも沖縄戦の体験者の映像に触れようと思えばできるのだから。

　そして、そこからなぜそんなひどい戦争が起きたのか？　もしここに私がいたなら？　と「自分ごと」として考えてみてほしい。学んでいく途中で、目を閉じたくなったり、耳をふさぎたくなるようなことがあるだろう。そんな時は深呼吸して、少し時間をおいてからもう一度目を開き、耳を傾けてほしい。沖縄戦を体験した人で、戦争を肯定する人はいない。それは、あまりにも残酷で悲惨だったからだ。

　沖縄戦が何を訴えているかを端的に示した言葉がある。沖縄県平和祈念資料館の沖縄戦の展示の最後のニュートラルゾーン４にある言葉だ。

沖縄平和祈念資料館　むすびの言葉

二〇一六年八月二一日

沖縄戦の実相にふれるたびに
戦争というものは
これほど残忍で　これほど汚辱にまみれたものはない
と思うのです

このなまなましい体験の前では

いかなる人でも
戦争を肯定し美化することはできないはずです

戦争を起こすのはたしかに人間です
しかし　それ以上に

戦争を許さない努力のできるのも
私たち　人間　ではないでしょうか。

戦後このかた　私たちは
あらゆる戦争を憎み
平和な島を建設せねば　と思いつづけてきました

これが
あまりにも大きすぎた代償を払って得た
ゆずることのできない
私たちの信条なのです

〈註1〉一九四四年夏、サイパン島が陥落し、いよいよ沖縄が戦場になる可能性が高まる中で、国は沖縄の高齢者や子ども、女性の疎開を指示した。沖縄から疎開する学童らを乗せて九州に向かっていた対馬丸は、四四年八月一九日、アメリカ軍の潜水艦の攻撃を受けて沈没。八〇〇人近い子どもを含む多くの犠牲者を出した。

〈註2〉避難している壕の出入り口や天井に外部から掘削機で穴をあけるなどしてガソリン・爆雷などで攻撃を加えること。

〈註3〉沖縄戦で、米軍の激しい空襲や艦砲射撃を受けたことを表す言葉で、無差別に多量の砲弾が撃ち込まれるさまを暴風にたとえたもの。一九五〇年に沖縄タイムス社の記者がまとめた同名の書籍タイトルにちなんで使われる。

〈註4〉琉球諸島のうち、南西部に位置する宮古諸島・八重山諸島の総称。

【学びを深めるために】

- 金城重明『「集団自決」を心に刻んで』高文研、一九九五年
- 吉浜忍・林博史・吉川由紀編『沖縄戦を知る事典』吉川弘文館、二〇一九年
- 新崎盛暉ほか『第5版　観光コースでない沖縄』高文研、二〇二三年
- 古賀徳子・吉川由紀・川満彰編『続・沖縄戦を知る事典』吉川弘文館、二〇二四年

column

「集団自決」をめぐって起きた裁判

大江健三郎の『沖縄ノート』は出版以来長く読み継がれている。大江はそこで、沖縄戦を通して人間はどんな姿を見せるのか、日本人は沖縄の人びとをどう見てきたのか、日本人はこのままでいいのかといった問題を投げかけた。『沖縄ノート』には、慶良間島と渡嘉敷島で起きた「集団自決」は、日本軍の戦隊長が住民に自決を命じたことによって発生したと書かれている。

二〇〇五年、この記述に対して、元戦隊長らが事実に反し、名誉を毀損しているとの理由で、大江と岩波書店を相手取って裁判を起こした。

大江を訴えた原告の主張は、「集団自決」は軍が命じたものではなく、国に殉じるという美しい心で自ら選んだ尊い死だった、というものだ。裁判は、自決を命じたかどうかという個人の名誉を争うものという意味だけでなく、沖縄戦というものがどんな戦争だったのかという歴史の事実そのものが問われるものになった。軍から命令や強制・誘導があって死を選ばざるを得ない状況に追い詰められて起きたものなのか、殉国のために自ら進んで死を選んだものなのか、そのことが争われていった。

裁判が始まって二年目の二〇〇七年三月、文部科学省（以下、文科省）は二〇〇八年度から使用される高校日本史教科書の検定結果を発表し、「集団自決」の記述について修正意見をつけ、「日本軍の命令」といった記述を削除させた。この問題について、文科省は大江・岩波沖縄戦裁判で「命令はなかった」と原告が意見陳述したことを参考にしたという説明をした。つまり、原告側の主張だけをうのみにして検定が行われたということだ。原告側弁護人は、この文科省の検定結果こそがこの裁判を起こした大きな意義だったと評価をした。このことからも、この裁判の狙いが沖縄戦の実相を覆い隠そうとする歴史修正の動きにあったことがわかる。

「その裁判が、特定の集団によって、明らかな政治的意図をもって起こされたものであり、司法判断が下っていない時点で、文部科学省がこういう考え方をするならば、教育は、いかようにも歪められる。それに抵抗するには、被告の私が勝訴しなければならない」（岩波書店編『記録　沖縄「集団自決」裁判』）と、大江は述べている。

この検定結果に、沖縄の人びとの怒りが大きく渦巻き、二〇〇七年九月には検定意見撤回を求める県民集会が開かれ、一一万人もの参加者が沖縄県内外から集まった。また、裁判の過程で体験者の新たな証言も発掘され、沖縄戦の実相がより詳しく掘り下げられていった。

二〇〇七年一二月、文科省は「軍の命令によって行われたことを示す根拠は、現時点で確認できていない」とする「検定審議会の基本的なとらえ方」を出した。

裁判は、二〇〇八年三月大阪地裁判決、同年一〇月大阪高裁判決、二〇一一年四月最高裁判決でいずれも大江・岩波書店側の勝訴で幕を閉じた。

この訴訟を起こした人びとの狙いは、「集団自決」は日本軍の強制によるものではなく、殉国美談として、教科書記述を変更させようとするものだった。しかし、裁判によって、逆に「集団自決」における「日本軍―三二軍―守備隊長、というタテの構造の強制力」（大江健三郎）という日本軍の関与・強制が明白になり、「集団自決」が軍の命令によるものであるという歴史的事実が改めて確認されることになった。

文科省は、「日本軍の関与」として部分的に認めたが検定意見は撤回せず、現在も「日本軍の強制」を示す記述は復活していない（教科書検定に関しては本書二七二頁参照）。

【学びを深めるために】

- 大江健三郎『沖縄ノート』岩波新書、一九七〇年
- 岩波書店編『記録　沖縄「集団自決」裁判』岩波書店、二〇一二年

11　特　攻——必ず死なないといけない作戦

「必死で頑張る」「決死の覚悟」という表現が使われることがある。それは「死んでも構わないつもりで頑張る」「死ぬかもしれないというくらいの覚悟」という意味であって、「必ず死ぬ」「死ぬことが決まっている」という意味ではない。「死」という極限を設定して自分を鼓舞するための言葉の使用法である。

しかし、アジア太平洋戦争中に日本の陸海軍には「必ず死ぬ」「死ぬことが決まっている」作戦があった。飛行機や舟艇に爆弾を積み込んで、乗り物もろとも敵（艦）に体当たりして自分も死ぬ。それが、国家の命令において正式な作戦として組織的に行われる。世界を見渡しても他に例がない「異常な」作戦、それが「特攻」である。

「特攻」の思想

「武士道とは死ぬことと見つけたり」というのは、江戸時代中期に佐賀の鍋島藩士が武士の心構えを説いた『葉隠《はがくれ》』という書物の中の有名な一説である。その意味は、「武士は主君のためには常に死を覚悟して生きていくべき」というものであり、死を奨励するものではなかった。それどころか、戦国時代に横行した「殉死」（主君の死に殉じて家臣が死ぬこと）は、江戸時代には「戒め」の対象となっていた。しかし、大日本帝国時代にはたしかに「死を以て奉公とする」という考えがあった。それは「天皇に命を捧げる」という意味でもあった。

一八八二年、明治天皇は軍人に対し「軍人勅諭」（陸海軍軍人に賜りたる勅諭、軍人訓戒の勅諭）を示した。「我が國の軍隊は世々《よよ》天皇の統率し給《たま》う」で始まる勅諭には五箇条の訓戒があり、第一条の冒頭は「軍人は忠節を盡《つく》すを本分とすべし」であった。そして、次の文章が続く。

「義は山嶽《さんがく》よりも重く死は鴻毛《こうもう》よりも軽《かろ》しと覚悟せよ」

「上官の命を承ること実は朕（天皇）が命を承る義なりと心得よ」

この軍人勅諭に示されているのは「天皇のために死ぬ」ことを覚悟することであり、「上官の命令は天皇の命令であり絶対に服従すべき」であるということであった。

大日本帝国時代には、そのような「死を以て奉公」することが美談として語られた。有名なのは「爆弾三勇士」である。一九三二年、第一次上海事変において、独立工兵隊の三名は、点火した破壊筒を持ったまま、中国軍の鉄条網を突破して突撃路を開き、そのまま三名も戦死した。陸軍大臣荒木貞夫はこの三名を「爆弾三勇士」と名づけ、死後二階級特進となった。新聞、映画で大々的に報道され、本や歌にもなった。最終的にこの「爆弾三勇士」は小学校の教科書にも掲載されることとなった。

一九四一年一二月、真珠湾攻撃の際は「九軍神」が有名になる。真珠湾攻撃は、飛行機によるものが有名であるが、甲標的と呼ばれる特殊潜航艇も作戦に参加している。出撃したのは一〇名であったが、九名は戦死した（一名は米軍の捕虜となる）。そのうち横山正治は「戦艦アリゾナを撃沈した」（実際は飛行機の攻撃によるもの）としてやはり二階級特進となり海軍少佐となった。首相の東条英機は、直接鹿児島の横山の自宅を訪問し、「霊前に額ずいた」とされた。横山は、いっきに「軍神」として国中の注目を集めることとなった。しかし、結果として二つの事例が「天皇（国）に命を捧げた」ことになったとしても、最初から「死ぬ」ことが前提であったわけではなく、のちの「特攻」とは性格を異にすることは明らかである。

爆弾三勇士のレリーフ（東京・靖国神社）

そうであったとしても、この後登場する「特攻」作戦を支持する思想は、すでに存在していたというべきであろう。

「特攻」のはじまり

誰がどの時点で構想していたかははっきりしないが、この「特攻」作戦がいつ始まったかははっきりしている。一九四四年一〇月一〇日に海軍の大西瀧治郎中将がフィリピン戦線で「神風特攻隊」を組織したのがはじまりである。四二年六月のミッドウェー海戦に大敗、四三年二月にガダルカナル島撤退、五月にアッツ島守備隊全滅、一〇月には学徒出陣が始まる。戦局は悪化の一途をたどっており、敗戦を知る私たちからすれば、戦争の最終盤にさしかかろうとする頃であった。

特攻の第一号は（公式には）名パイロットと言われた海軍の関行男大尉とされている。一九四四年一〇月二五日に出撃して戦死している。何かと競争意識の強い陸軍と海軍であったが、陸軍もほぼ同時期に「特攻」作戦の準備を進めていた。そして、四四年一一月一二日に「万朶《ばんだ》隊」と命名された田中逸夫曹長以下四機の特攻隊が最初の出撃を行っている。「全員未帰還」つまり全員戦死と発表されたが、実は四人のうち佐々木友次伍長は通常攻撃のみを行い、ミンダナオ島の飛行場に生還している。

「特攻」の種類

「特攻」というと、多くの人は飛行機で敵艦に突っ込んでいく情景を思い浮かべるであろう。しかし、「特攻」には実に多種多様な作戦が存在した。

特に海軍は、海が主戦場とあってその種類も多かった。「回天」は「人間魚雷」と呼ばれ、潜水艦に搭載して、攻撃目標に接近した地点で発進する。製造が難しく約四二〇基が完成しただけである。ほとんど戦果は確認されておらず、訓練中の事故死者が八〇名いたとされる。「特攻」なので脱出装置はなく、搭乗員は中からハッチを開けることはできなかった。

同じく海軍の震洋はモーターボートに二五〇キロ爆弾を積み込んだものである。材料はベニヤ板で、エンジンはトラック用のガソリンエンジンが使用された。フィリピンや沖縄では実戦に使用されたが、

上：米国ワシントンの海軍工廠で展示された回天（出典：米海軍の公式サイト「Naval History and Heritage Command」から）／中：沖縄で米軍によって接収された日本軍の特攻用舟艇／下：沖縄・読谷飛行場で米軍が接収した「桜花」（〔中・下〕写真提供／沖縄県公文書館）

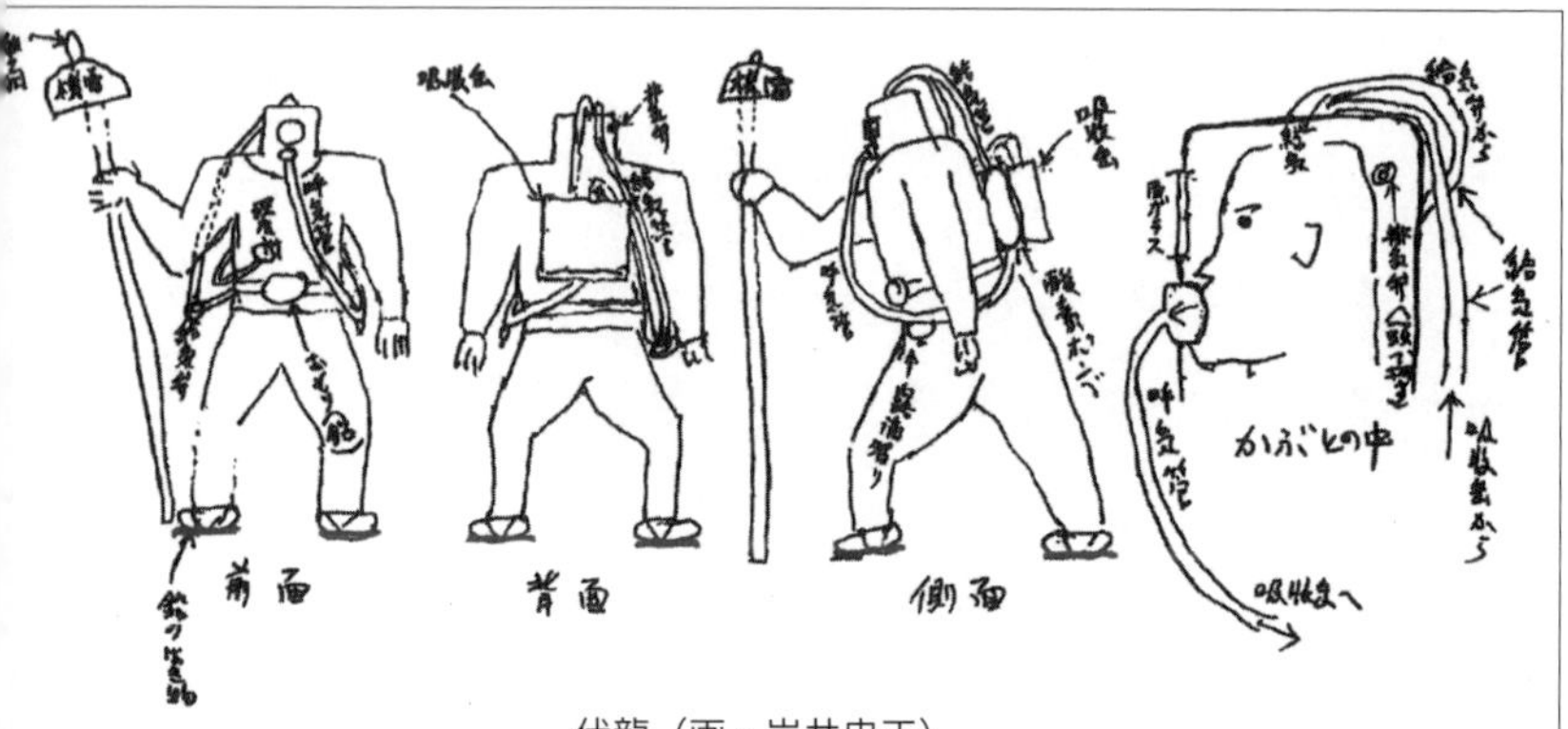

伏龍（画・岩井忠正）

アメリカ軍の空襲と艦砲射撃によりほとんど戦果をあげていない。回天同様に事故が多く、特にガソリンエンジンによる爆発事故が頻発した。本土決戦に向けて、日本全国に大量の震洋の発進基地が作られ、部隊が配置されたが、実際に戦闘に参加することはなかった。

他にも、飛行機から切り離されて敵艦に体当たりする人間爆弾「桜花」や特殊潜航艇「蛟龍《こうりゅう》」「海龍」などがあったが、最も「奇異」な作戦と言えるのが「伏龍《ふくりゅう》」であった。乗り物に乗ることはなく、兵士は潜水具を装着した潜水服を着て水中で待機し、頭上を通過する敵艦の船底を、最長五メートルの竹竿に装着した機雷で破壊しようとするものである。これも故障が多く、事故による死者数が多かった。

戦艦大和の出撃も「水上特攻」と呼ばれている。沖縄戦の作戦について説明を受けた昭和天皇は、「航空部隊だけの総攻撃か」と作戦に注文をつけ、それを聞いた海軍があわてて戦艦大和を出撃させたと言われている。大和の戦死者は、二七四〇名と発表されている。

陸軍は、ほとんどが航空特攻である。有名な鹿児島県の知覧は陸軍の航空特攻基地である。「震洋」の陸軍版とも言える「マルレ」もあり、沖縄戦においては、歩兵が爆雷を持ったままアメリカ軍の戦車に体当たりしたこともあったという。なお、航空特攻において陸軍は発進後に引き返してきた特攻兵士を「振武寮《しんぶりょう》」（福岡県）に閉じ込め、兵士たちは「卑怯者」と非難され差別的待遇を受けていた。

志願か強制か

「特攻」を語る際に、よく話題になるのが、「特攻」作戦に従事するのは志願だったか強制だったかということである。多くの証言によれば、いちおう希望をとったのは間違いないようである。希望の度合いで三段階に分かれており「強く希望」「希望」「希望しない」のいずれかを選択したようである。ほとんどが「強く希望」を選択したようであるが、一部には「希望しない」を選択した者もいたようである。元特攻兵士の証言によれば「あの時期に希望しないを選択することはありえない」とのこと。追い込まれた状況においての「志願」だったことが予想される。一方、別な特攻兵士の証言によれば「死に場所」をさがして志願した者もいたという。つまり、このまま一般の兵士として、敵の攻撃にさらされたり戦病死で命を落とすよりも、特攻兵士として敵に突入して死ぬ方がある意味で「潔く楽な死に方」と考えたのかもしれない。

特攻兵士たち

四〇〇〇人以上といわれる「特攻」戦死者数であるが、戦死者の最高年齢は陸軍で三三歳、海軍で三五歳であったことがわかっている。一方、最低年齢は陸軍が一七歳、海軍が一六歳となっている。陸海軍ともに一九歳から二四歳に集中しており、陸軍は七五％、海軍は八五％を占めている。海軍の割合が高いのは、一九四三年以降に大量に募集した予科練習生（いわゆる「予科練」）が多かったせいであると思われる。

階級別にみると、陸軍は将校（少佐、大尉、中尉、少尉、見習士官）が全体の四五％、将校以外（准尉、曹長、軍曹、伍長、兵長）が五五％、一方、海軍は将校（少佐、大尉、中尉、少尉、少尉候補生）が三二％、将校以外（兵曹長、上等兵曹、一等兵曹、二等兵曹、水兵長、上等水兵）が六八％をしめる。陸海軍ともに、将校で多いのは「少尉」、将校以外で多いのは陸軍では伍長、海軍では二等兵曹である。どちらも、共通しているのは年若く技量が未熟なものであったということである。

特攻作戦はなぜ生まれたのかを考える意味

敗戦後に制定された日本国憲法において「政府の行為によって再び戦争の惨禍が起ることのないように決意」（前文）し、「国民は、すべての基本的人権の享有を妨げられない」（第一〇条）ことを宣言した。当然、それは先の戦争そのものが「国家が国民や周辺諸国の人びとの命や人権を奪ったから」にほかならない。国内ではその極限の形が「特攻」作戦ではないだろうか。「敵艦に体当たりしようがしまいが、どちらにしても死んでしまう」――そのように「死」を前提にしているのが「特攻」である。「特攻」兵士はよく上官からこう言われている。「頼むから死んでくれ」と。戦争末期は、おそらく戦果を挙げることよりも戦意高揚の美談としての「特攻」が必要とされたのではないだろうか。

現在でも、「特攻」兵士を英霊として讃える考え方がある。「あの人たちの犠牲の上に今の私たちの平和がある」という言説である。しかし、それが「国のために命を捧げたその生き方に学ぼう」という方向に向くのであれば、それは間違いなのではないだろうか。

「再び、国家が人の命や人権を奪う」世の中にしてはならない。そうすることが、「特攻」兵士の無念の思いに答える唯一の方法ではないだろうか。

【学びを深めるために】

- 山元研二『「特攻」を子どもにどう教えるか』高文研、二〇二二年
- 城山三郎『指揮官たちの特攻』新潮文庫、二〇〇四年
- 山崎雅弘『未完の敗戦』集英社新書、二〇二二年
- 高木俊朗『陸軍特別攻撃隊1』文春学藝ライブラリー、二〇一八年
- 高木俊朗『陸軍特別攻撃隊2』文春学藝ライブラリー、二〇一九年
- 高木俊朗『陸軍特別攻撃隊3』文春学藝ライブラリー、二〇一九年
- 鴻上尚史『不死身の特攻兵』講談社現代新書、二〇一七年

12　孤児になった子どもたち

孤児になった子どもたち

　アジア太平洋戦争の敗戦から二年後の一九四七年五月三日、日本国憲法が施行された。その年に全国の中学生に配られた『あたらしい憲法のはなし』の中に、「みなさんの中には、こんどの戦争に、おとうさんやにいさんを送りだされた人も多いでしょう。ごぶじにおかえりになったでしょうか。それともとうとうおかえりにならなかったでしょうか。また、くうしゅうで、家やうちの人を、なくされた人も多いでしょう」という文章がある。

　戦争は子どもたちから家族、家、友だちあらゆるものを奪っていった。戦争で焼け野原になった町には、親を亡くし、生きるすべを失くした子どもたちが孤児になってさ迷った。戦争が終わってから孤児たちにとって生きるためのたたかいが始まったと言える。孤児たちの境遇も様々だ。疎開しているあいだに家族を空襲などで失った孤児、戦火を逃げまどう中で家族を亡くした孤児、戦地や占領地から引き揚げてきた孤児、中国に取り残された孤児、戦後に日本を占領したアメリカ軍兵士と日本女性の間に生まれ捨てられた孤児などもいた。そして、日本の侵略によって中国や東南アジアなどをはじめとした地域に孤児たちが生まれたことも忘れてはならない。

全国孤児一斉調査（1948年）の結果（沖縄県を除く）

戦争孤児合計　123,511人			
年齢別（数え年）		種類別	
1～7歳	14,486人	戦災孤児	28,248人
8～14歳	57,731人	引揚孤児	11,351人
15～20歳	51,294人	棄迷児	2,647人
		一般孤児	81,266人
保護者別			
親戚に預けられた孤児			107,108人
施設に預けられた孤児			12,202人
独立した生計を営む孤児			4,201人

出典：厚生省児童局企画課調べ「全国孤児一斉調査結果」1948年2月1日現在(『全国戦災史実調査報告書 昭和57年度』)。『事典　太平洋戦争と子どもたち』157頁掲載の図表を元に作成。
註1：浮浪児および養子縁組をした孤児は含まれていない。
註2：「独立した生計を営む孤児」の実態は不明である。
註3：「種類別」の合計値が「戦争孤児合計」と合わないが、出典のママとした。
註4：「戦災孤児」とは空襲などの戦災や戦後の貧困などで身寄りを失くした孤児、「引揚孤児」とは戦後、旧満州や南洋諸島などから単身で戻ってきた孤児、「棄迷児」とは捨て子や迷い子、「一般孤児」とは戦災孤児や引揚孤児でない孤児（分類不能。実際は親から逃げてきた子どもも）をさす。

孤児たちの境遇

孤児たちはどのくらいいたのだろうか。一九四七年、厚生省の中に児童局が設置され、同年児童福祉法が公布された。その翌年、ようやく厚生省は全国孤児一斉調査を行った。資料を見ると、合計が一二万三五一一人となっているが、広島や長崎の原爆、東京大空襲をはじめとする大都市空襲や中小都市空襲の被害者を考えると、実態とかけ離れた少ない数字と言わざるを得ない。また、親戚や施設などに保護された孤児の数しかわかっていないため、どこにも保護されていない「浮浪児」の数は不明である。そして、米軍占領下の沖縄県は調査の対象外だった。米軍に占領されていたとはいえ、日本政府が沖縄県を戦後も〝捨て石〟(本書一七七頁参照)にしていたことがわかる。孤児たちが多かった都府県は、広島県、長崎県、東京都、京都府、愛知県、大阪府、岐阜県、埼玉県、福岡県、茨城県の順だ。

食べ物を求めて町中に集まってきた戦争孤児たちは「浮浪児」と呼ばれ、特に都会の駅には多くの子どもたちが寝起きをしていた。上野駅の地下道には数千人の家のない人びとが寝起きをし、病死者や餓死者が出た。一九四五年一〇月、上野駅地下道での餓死者は一日平均二・五人を数えた。餓死者の中には子どもがいたことは想像に難くない。浮浪児は生きていくために、駅の近くの闇市で、靴磨き、新聞売り、皿洗い、ゴミ拾いなどをし、残飯をもらって食べていた。すりやかっぱらいといった犯罪に手を染めたり、駅から降りてくる人から物乞いをしたり、中にはキャバレーのようなところで働かされる女児もいた。

警察は浮浪児を治安を乱す取り締まりの対象とし、強制収容するために動物を捕獲するために使う「狩込《かりこみ》」という用語を使って浮浪児たちを捕まえていった。東京、神奈川、愛知、京都、大阪、兵庫、福岡には児童鑑別所が置かれ、浮浪児たちはここで鑑別の後に一時的に保護する施設に送致された。しかしその施設も一時的なもので一八カ所しかなかった。

お粗末な孤児救済

戦後、孤児たちを収容する施設はどのくらいあったのだろうか。一九四六年一一月時点での孤児施設は二六八カ所（公立三八、民間二二二、不明八）で、四六年の入所孤児数は七六一五人、四七年は一万二二一六人となっている（厚生省児童局、一九五〇年）。しかし、孤児全体の数で考えれば、孤児総数の一割に過ぎなかった。

空き缶コップを持つ少年（写真提供：本庄豊）

戦前から日本社会では強固な家族制度のもとで「自助」が当然とされ、生活困窮の問題や子どものことなどは家族や親せきで面倒をみるのが当たり前とされていた。児童福祉法ができたとは言うものの、政府にとって子どもの人権尊重という意識は乏しかった。

狩込によって孤児たちが収容された施設は衛生面でも栄養面でも貧弱で、年長者からのいじめや暴力も恒常的にあり、むちをふるって監視したり、脱走防止のために男児が裸で過ごさせられるなど、人間らしい暮らしとは程遠いような劣悪な環境だった。孤児たちは脱走をくり返した。一時保護施設に入れられた孤児は、その後は民間の施設へと送られていった。本来政府が起こした戦争によって孤児になったのだから、最後まで政府の責任において彼らの保護がなされるべきだったが、最終的には民間に任されることになっていったのだ。孤児対策をなおざりにする一方で、政府はアメリカ軍兵士向けに性を提供する施設として当時の政府予算の〇・一%を費やし「慰安施設」(略称RAA)を一九四五年に建設開業していた。

孤児を助けた人びと

◇「愛児の家」

孤児たちの惨状を見かねて、篤志家や宗教団体などが各地で養護施設を作っていった。孤児たちをどのように助け、育てたのかを紹介しよう。

「愛児の家」(一九四八年設立)は、東京都中野区に石綿貞代が自宅を開放し、私財をなげうって作った施設だ。石綿はキリスト教系の女学校を卒業し、戦時中も傷病兵への慰問活動や上野にいる路上生活者へのボランティア活動をしていた。戦争孤児たちを見て何とかしなければと日頃から周囲に語っていたため、敗戦後間もない九月二四日、友人が孤児をつれてきたところから、石綿の活動は始まった。

その後、石綿は戦争孤児救護婦人同志会を設立し、孤児たちがたむろする上野に行っては、「ボク、私のうちに来ない？」と声をかけ、連れ帰った。上野は、孤児たちが集結する場所であり、孤児たちが全国へ移動していく場所でもあった。「愛児の家」では最大で一〇〇人を超える児童を養育した。孤児が「愛児の家」に集まった理由は、石綿の施設には格子戸がなかったことが大きい。当時孤児が狩込で入れられていた施設のほとんどが犯罪者を扱う牢屋のように格子戸が設けられていた。石綿は孤児からママと呼ばれ、石綿は孤児をさんづけで呼んだ。国からの乏しい補助金、ＧＨＱ（連合国最高司令官総司令部）からの救援物資を得ながらも施設運営は苦しかった。

石綿はとにかくお腹いっぱい食べさせることを第一にした。清潔な生活、礼儀作法を重視し、クリスマスやお正月のような行事、それぞれの子どもとのお出かけなど、一般の家庭と同じような暮らしを大切にした。「愛児の家」だけでなく、他の養護施設でも家族がいる家庭と同じように子どもを育てるということが重視されたケースは多い。家庭を失くした子どもに少しでも家庭の暖かさを味わせたいという思いがあったからだろう。

◈「精神養子運動」

広島には原爆で親を失ったり、かろうじて生き残った片方の親も被ばくによる障害のため扶養能力がなくなるなど困窮に陥る孤児が多かった。中沢啓治の漫画『はだしのゲン』にも孤児たちが多く登場する。広島の孤児の中には自らが被爆している子も少なくなかった。焦土の中で、親を失い被爆した子どもが生きていく困難さは想像を絶するものがある。広島でも孤児施設が多く作られたが、ここでは孤児施設とは違う形で孤児を助けた取り組みを紹介しよう。

一九四九年、アメリカのジャーナリストであるノーマン・カズンズが、アメリカ市民が孤児たちの精神的な親となって、孤児たちの生活や学業を支える「精神養子運動」をアメリカで呼びかけた。「精神親」は孤児への毎月の送金と手紙を送り、親交を深めるというもので、多くの養子縁組が成立した。

この取り組みに刺激され、一九五三年に広島大学教授の長田新《おさだあらた》は「日本人による養子運動を」と呼びかけ、「広島子どもを守る会」を結成した。まだ人びとの生活が苦しい時代にもかかわらず、「精神親」になりたいという反響の手紙が全国から広島大学に寄せられた。東北から、長野から、東京から。サラリーマン、主婦、学生、教師。手紙には「戦争を繰り返さぬ誓いを深めるために」「私にもできる地道な平和運動として」「平和憲法を守るひとつの具体的な仕事として」という言葉が寄せられていた。二度と孤児たちを生み出すような戦争を起こさないという決意が表れたものばかりだった。最終的に八五組の養子縁組が成立した。

活動の中心を担ったのは山口勇子だ。山口は夫が中国戦線に出征したのち、実家のある広島県に疎開していた。原爆投下後、自分と夫の両親を探しに行き、亡骸を自らの手で焼いた経験を持っていた。年齢は違っても、山口の中には、自分も原爆で親を失った孤児だという意識があった。山口は遠く離れたところにいる「精神親」の代わりに、子どもたちの広島での親のように、学校の授業参観、懇談会に参加し、子どもたちの就職支援なども行った。

山口は後に広島での自らの体験をもとに絵本『おこりじぞう』をはじめとする原爆文学を書き、日本原水協筆頭代表理事として核廃絶に生涯をかけて取り組んだ。孤児全員が満一八歳を迎えた一九六四年に活動を終えたが、広島の平和運動をけん引していくことにつながっていった。

孤児のことを知らなければならないのはなぜだろう

一九八九年に国連で採択された子どもの権利条約（日本は一九九四年批准）では、子どもの最善の利益を第一に考えなければならないとされている。しかし、現在も拡大する格差の中で貧困にあえぐ子どもの数は増え、夏休みや冬休みになると給食を食べることができずに体重が減る子どもがいる。ネグレクト（育児放棄）やＤＶ（家庭内暴力）で家庭に居場所のない子どもがいる。世界に目を転じれば、戦争で親を失い、自らも少年兵として武器を持たされる子どももいる。

子どもは社会から守られるべき存在だ。その子どもたちが最も守られなかった歴史が戦争孤児の歴史なのだ。戦争は人も物もすべてを壊す。そして、過酷な戦争で最も被害を受け、戦後も政府のネグレクトによっていつ死んでも不思議ではない状況に放置された孤児たちは、癒しがたい体験のために心に深く傷を負った。二度と戦争孤児を生まないためにも、その過酷な環境を生き抜いた孤児たちの歴史から私たちが学ぶことは多いはずだ。

われらは、日本国憲法の精神にしたがい、児童に対する正しい観念を確立し、すべての児童の幸福をはかるために、この憲章を定める。

児童は、人として尊ばれる。

児童は、社会の一員として重んぜられる。

児童は、よい環境の中で育てられる。

（「児童憲章」一九五一年五月五日、内閣総理大臣により招集、国民各層・各界の代表で構成された児童憲章制定会議によって制定）

この言葉を考えながら、近代において子どもたちが歩んできた歴史を学びたい。

【学びを深めるために】

- 平井美津子『原爆孤児　「しあわせのうた」が聞える』新日本出版社、二〇一五年
- 浅井春夫・川満彰・平井美津子・本庄豊・水野喜代志編『戦争孤児たちの戦後史』1・2・3、吉川弘文館、二〇二〇〜二〇二一年
- 浅井春夫・川満彰・平井美津子・本庄豊・水野喜代志編『事典　太平洋戦争と子どもたち』吉川弘文館、二〇二二年
- 本庄豊『児童福祉の戦後史』吉川弘文館、二〇二三年

13　戦没者の慰霊と「靖国問題」

正月やお盆、秋になると、必ずと言っていいほど首相や閣僚による靖国神社参拝の様子が報道される。参拝者には「参拝は公式か私人としてか」「玉串料《たまぐしりょう》は公費か私費か」などが質問される。この報道にはどういう意味があるのか。この報道は今後も続いていくのかどうか。ここでは、「近代日本にとって靖国神社はどういう存在であるのか」「靖国問題っていったいどういう問題なのか」を中心に「戦没者の慰霊はどうしたらいいのか」について考えてみたい。

戦没者を慰霊するということ

戦没者という言葉をここでは「戦争によって命を落とした軍人および軍属」と定義しておく。なぜなら、靖国神社に祀られている戦没者がそう限定されているからである。「戦争によって命を落とした人びと」には空襲や原爆などによる一般民衆も含まれることになるが、靖国神社に祀られることはない。

近代以前にも戦没者を慰霊することはあった。戦国時代は戦国大名によって、江戸時代はそれぞれの藩によって、慰霊碑が建てられ、慰霊祭が行われることもあった。その際に「敵味方なく慰霊する」ということも行われた。それは、「死者の祟《たた》りや呪《のろ》いを畏《おそ》れ、その霊を慰める」という御霊《ごりょう》信仰にもとづくものでもあった。

明治の世となり、徴兵令にもとづき国民を国家の命令として軍隊に召集し戦争に参加させることとなる。戦争となれば、戦闘により戦没者が出てくる。その戦没者の霊を「国家としてどのように慰霊すればよいか」が新しい課題となってくる。靖国神社は、まさにその課題に応えるべく作られた戦没者慰霊のための施設であった。

天皇の側で戦った者だけが祀られる

靖国神社は、一八六九年に東京招魂社として創建された。一八六九年という年代でわかるように、戊辰戦争後に創られたものであり、いわゆる官軍（薩摩、長州を中心とする新政府軍）として戦って戦死した者だけが祀られている。したがって、幕府軍は「天皇に逆らった朝敵＝賊軍」として祀られることはなかった。孝明天皇の篤い信頼のもと薩摩とともに長州軍と戦った会津軍も、明治天皇のもとでは「朝敵」とされ戊辰戦争後は厳しい処分を受けたが、戦没者は当然靖国神社に祀られることはなかった。

実は、吉田松陰、橋本左内、坂本龍馬らも靖国神社に祀られている。戊辰戦争に参加していない彼らがなぜ靖国神社に祀られているのか。それは、彼らが尊皇攘夷思想の持ち主とみなされ、それゆえに安政の大獄などにより「非業の死」を遂げたことがその理由と考えられる。「天皇の側で戦って死んだ」と解釈されているのである。

しかし、戊辰戦争では官軍であった薩摩も西南戦争において西郷軍についた兵士たちは「天皇に逆らった反乱軍」と位置づけられ、靖国神社に祀られることはなかった。たとえ戊辰戦争の英雄西郷隆盛であっても、明治天皇に弓を引けば「靖国神社に祀られる」資格はないのである。

東京招魂社は、一八七九年に靖国神社と名称を変え別格官幣社《べっかくかんぺいしゃ》（筆者註：明治政府によって設けられた神社の社格で国家のために功労があったとされた人物を祀るための神社がそれに相当する）となった。一八七四年の台湾出兵、七七年の西南戦争の戦没者が祀られることになるが、靖国神社の存在感が大きくなるのはそれ以後のことである。

「靖国の英霊」システムの完成

「天皇のために戦って戦死すれば靖国神社に祀られる」「靖国神社に祀られれば、靖国の英霊となる」「靖国の英霊となれば、戦没者は家族や地域の誇りとなる」という「靖国の英霊」システムが作りあげられるのは日清戦争以降であると考えられる。

一八九五年、一二月一六日から三日間にわたって日清戦争の臨時大祭が行われた。一日目に天皇の使いである「勅使」が派遣され、二日目にはついに明治天皇自らが参拝した。

これ以後、日露戦争を経て、靖国神社はますますその権威を高めていくことになる。

この「靖国の英霊」システムが最大の威力を発揮したのが日中戦争からアジア太平洋戦争にかけての頃であった。この時期、靖国神社ではたびたび臨時大祭が繰り返された。北は樺太から南は台湾まで、選ばれた遺族が国費で東京に招かれた。遺族である兵士の妻は「靖国の妻」、兵士の母は「靖国の母」、兵士の子どもは「靖国の子」あるいは「誉れの子」と呼ばれていた。靖国神社では、戦没者を「神」とする祭祀が行われ、参道の両側を遺族が埋め尽くし、天皇が参拝する様子も見ることができた。遺族は、祭祀に参加するだけでなく、皇居や上野動物園などの東京見物も経験できた。

夫を、息子を、父を亡くすことは悲しいことである。戦争であればなおさらである。痛い思い、苦しい思いで死んだことは容易に想像できる。今では、戦病死や餓死の戦死者が多かったことも明らかになっており、戦死が「酷い」死に方であることは誰も否定はできない。しかし、「国のために死ぬ」「天皇のために死ぬ」ことを崇高な行為と信じ込み、死後は「神として靖国に祀られる」ことを光栄だと思い込む。このシステムが作用することによって、「死を恐れず、生命を天皇に捧げる」皇軍兵士を再生産していくのである。これが「靖国の英霊」のシステムである。

靖国神社は、「天皇崇拝」「軍国主義」の象徴的存在であったと言ってよいであろう。

また、各地域には一八七二年、招魂社が作られた。内務省管轄であったが、「国家のために殉難した英霊を祀るための神社」とされ、一九三九年に護国神社と改称された。靖国神社の末社ではないとされているが、その役割は同じであったと考えてよいであろう。「靖国の英霊」システムは、護国神社を通じて日本全国に行き渡っていたと考えてよい。

敗戦後、靖国神社の存在は大きく変わると思われた。日本国憲法では「政教分離」の原則が打ち出された。靖国神社をはじめとする国家神道が「天皇崇拝」「軍国主義」と強く結びついていたため、「宗教は政治に関わってはならない」とされたためである。そのため靖国神社は一宗教法人となり政府や軍とのつながりは絶たれるはずであった。しかし、靖国神社は一宗教法人として現在も「戦没者の慰霊」を継続している。祀られる戦没者の名簿は厚生省（現在の厚生労働省）が提供している。

そのことが、いくつもの「靖国問題」を生むこととなった。

戦争責任の視点から

中国や韓国など海外の国々が「靖国問題」を批判する時に注目されるポイントが、靖国神社が東条英機など東京裁判でA級戦犯とされた一四名（東条英機、広田弘毅、土肥原賢二、板垣征四郎、木村兵太郎、松井石根、武藤章、平沼騏一郎、白鳥敏夫、小磯国昭、梅津美治郎、東郷茂徳、永野修身、松岡洋右）を合祀しているという事実である。

戦争責任があるとされた人物を「英霊」として祀っているということは、海外の国々からすると、日本は「戦争に対する反省の気持ちがないのではないか」と疑いの目で見ることになる。さらに、A級戦犯を祀っている靖国神社を日本国の総理大臣や閣僚、国会議員が参拝するのは、「大日本帝国時代の日本に戻ろうとしているのでは」という不安、懸念を呼ぶのである。中曽根元首相や小泉元首相、安倍元首相が「公式参拝」した時のアメリカを含む各国の批判はこういう背景からきている。なお、日本国内において戦争そのものや植民地政策そのものを肯定するような「歴史修正主義」の動きが強まっていることも内外の批判の大きな理由となっていることは間違いないであろう。

また、靖国神社には朝鮮半島、台湾といった旧植民地の人びとも祀られている。祀られている旧植民地の戦没者の合計人数は五万人を超えている。一九七九年に台湾の遺族代表七人が「勝手に靖国神社に合祀しないでほしい」と靖国神社に合祀取り下げを求めたが、靖国神社はこれを拒否した。以下はその理由を述べたインタビュー記事である。

戦死した時点では日本人だったのだから、死後日本人でなくなることはありえない。日本の兵隊として、死んだら靖国にまつってもらうんだという気持ちで戦って死んだのだから、遺族の申し出で取り下げるわけにはいかない。内地人と同じように戦争に協力させてくれと、日本人として戦いに参加してもらった以上、靖国にまつるのは当然だ。台湾でも大部分の遺族は合祀に感謝している。

（朝日新聞、一九八七年四月一六日）

旧植民地で従軍させられた人びとは、戦後は「外国人」として内地人同様の補償の対象とはならなかった。しかし、靖国神社への慰霊は遺族の意向を無視しても強行に合祀しようとする。旧植民地の人びとから「日本とは何と冷たい国だろうか」と思われたとしても仕方がない。

一九六九年にはキリスト教信者の遺族一二人が宗教上の理由で合祀取り下げを要求したが、靖国神社側は以下のように答えて取り下げを拒否した。

「靖国神社は憲法にいう宗教ではない。日本人ならだれでも崇敬すべき〝道〟（道徳）である」「宗教を超えた存在」――それは、大日本帝国時代にずっと主張されてきた「国家神道」の存在意義にほかならない。

戦没者の慰霊を考えることがなぜ重要なのか

靖国神社からA級戦犯を分祀すれば良いのか。海外の批判をそらすには有効かもしれないが、結局は戦争責任をA級戦犯に押しつけて、「靖国の英霊」を天皇や閣僚が参拝する形が残るならば、大日本帝国時代の靖国神社と変わらないことになる。天皇の戦争責任を含め、新たな論争を生むのは間違いない。天皇や首相による靖国神社の公式参拝を支持する人たちは、憲法の「政教分離」との批判をかわすために、靖国神社を宗教法人ではなく特殊法人にして国家が直接関わるようにするよう五度にわたって試みた（「靖国神社国家護持法案」）。しかし、いずれも強い反対にあい実現することはなかった。

靖国神社ではないが、戦後自衛官の殉職者が地方の護国神社に祀られるようになったことに対して、遺族が「信教の自由」が侵害されたとして合祀取り消しを求める訴訟を起こした。一九八二年、最高裁は訴えを認めなかったが、判事の間で意見が分かれていた。二〇二四年には、自衛隊幹部が靖国神社へ集団参拝を行い、防衛省が禁じる「部隊参拝」ではないかと指摘されたが、防衛省は「部隊参拝」には当たらないとした。こういう動きに対しては、「再び靖国神社が政府や自衛隊と結びつきを強め、大日本帝国時代のような役割を果たすようになるのではないか」と心配する声もある。

一方、靖国神社の慰霊・参拝に反対する人たちの中には、靖国神社に変わる新しい戦没者追悼施設の建設を求める声もある。実際に小泉首相時代に福田官房長官のもとで「追悼・平和祈念のための記念碑等施設の在り方を考える懇談会」が設置されて報告書が出された。しかし、その後の政権では課題になることもなく「棚ざらし」のまま、具体的な話は進んではいない。

この問題を考える最も重要な視点は「天皇崇拝による軍国主義と侵略戦争をどのように考えるか」に明確な指針を持つことである。もちろん、「反省」と「謝罪」がきちんとなされるべきである。そこに疑念が持たれる状況が続けば、話は進まない。そのうえで、「政教分離」にもとづく日本国憲法下にふさわしい戦没者の慰霊のありかたを考えるべきであると考える。


【学びを深めるために】

- 高橋哲哉『靖国問題』ちくま新書、二〇〇五年
- 田中伸尚『靖国の戦後史』岩波新書、二〇〇二年
- 島薗進『国家神道と日本人』岩波新書、二〇一〇年
- 村上重良『天皇制国家と宗教』講談社学術文庫、二〇〇七年

14 「戦争は終わっていない」ってどういうこと？
――戦後補償問題とは何か

「賠償」から「補償」へ

戦争はいつの時点で終わるのか。日中戦争・アジア太平洋戦争において、国と国の戦闘状態が終結したのは一九四五年八月一五日ということになっている（沖縄や満州や千島、樺太では継続していた）。しかし、それは「戦闘が終わった」ということを意味しているだけで、「戦争のもたらした加害（被害）」の状況が「原状回復」しない限り「戦争が終わった」とは言えないのではないか。

日本が、交戦国四八カ国（冷戦の激化の中、ソ連は欠席、中国は招かれていない）に対して自らの戦争加害についてその責任を認め賠償に応じたのが一九五一年のサンフランシスコ講和会議であり、その結果にもとづいて結ばれたのがサンフランシスコ平和条約であった。賠償というのは、政府間で結ばれるものである。第一次世界大戦においては、パリ講和会議におけるベルサイユ条約がそれにあたる。

戦争責任の中心とみなされたドイツは過酷な賠償を負わされ、それが第二次世界大戦につながったという見方があるため、第二次世界大戦後、日本やドイツに対する賠償はそれほど過酷なものではないと言われている。

その後、日本はサンフランシスコ講和会議に出席していなかったソ連（一九五六年日ソ共同宣言）や中国（一九七二年日中共同声明）、植民地であった韓国（一九六五年日韓基本条約）とは個別に平和条約を結び賠償問題の解決を図ってきた（朝鮮民主主義人民共和国とはまだ結ばれていない）。

その賠償は、特にアジア諸国において「日本が各国の復興・開発を支援する」という形で行われ、日本企業が現地の道路や鉄道、空港、都市開発などのインフラ整備を担当することが多く、一九七〇年代においては「賠償が商売に」「第二の侵略」などと批判されることもあった。

しかし、戦争の被害を受けるのは、政府や国家といった統治組織だけではない。具体的には、一般市民の一人ひとり、つまり「個人」が受けた被害も大きいのである。その個人に向けた償いのことを「賠償」と区別して「補償」と呼ばれている。ここでは、その「補償」がこれまでどのように行われてきたのか、あるいは行われてこなかったのかを検討することとする。

戦後補償にはどのようなものがあるか

日本が海外から戦後補償を求められているものを列挙してみる。

徴用工（強制連行・強制労働）：戦争の激化にともない不足する兵力、労働力を、植民地である朝鮮半島から動員した。「国家総動員法」（一九三九年）にもとづく「労務動員計画」に沿って「募集」「官斡旋」「徴用」などという形態で日本国内、南洋諸島、樺太などの工場、鉱山、事業所に動員した。この動員は強制性をともなうとともに「賃金の未払い」「強制貯金の未返還」「労働災害」の未補償を含んでいる。強制連行・強制労働の訴えは中国人からも起こされている。戦争中、戦地より日本に連行され、朝鮮人同様に動員された。秋田の花岡鉱山の例が有名である。

慰安婦：日本軍人相手に性的奉仕を求められた女性たちのことである。大半は、植民地であった朝鮮半島から連れてこられた未婚の女性であったが、慰安婦の出身国・地域はその他日本、中国、台湾、フィリピン、インドネシア、オランダにわたっている。一九九一年、ソウル在住の金学順らが補償を求めて提訴してから社会問題となり、日本政府も事実調査を行い、その実態を認め謝罪した（河野談話、本書一一二頁参照）。

捕虜虐待：戦争中に日本軍の捕虜となった連合国軍の兵士により訴えられているもので、強制労働、虐待、拷問、不十分な食事・医療が問題とされている。捕虜となった連合国軍兵士の国籍は、アメリカ、イギリス、オランダ、カナダ、オーストラリア、ニュージーランドなどに及んだ。捕虜の扱いについては、「ハーグ条約」（一八九九年）・「ジュネーブ条約」（一九二九年）に定められており、日本は批准はしていなかったが、一九四二年、連合国軍側に「準用する」と伝えていた。日本軍による捕虜虐待で有名なものに「泰緬鉄道」建設と「バターン死の行進」がある。

「泰緬鉄道」は日本軍によってタイとビルマ（ミャンマー）の間に建設された鉄道で、一九四二年から翌年にかけて、イギリス人兵士、オーストラリア人兵士などおよそ六万人以上の捕虜が労働を強いられ、そのうち約一万二千人から約一万六千人が飢餓や病気で死亡した。

「バターン死の行進」は、一九四二年にフィリピン・ルソン島でアメリカ軍兵士、現地軍兵士の捕虜など合計約七万六千人が日本軍により一〇〇キロ以上徒歩により移動させられたものである。戦闘で疲弊した身体に加え、食糧事情が悪化し、感染症の蔓延する中、炎天下を行進させられたことにより七千人から一万人が死亡したとされる。

ＢＣ級戦犯：一九四二年、陸軍省は捕虜収容所の警戒取り締まりのため、朝鮮人・台湾人で編成する特殊部隊を設けた。捕虜監視員とされた彼らは戦後、「捕虜虐待」の罪を問われ、「通例の戦争犯罪」としてＢＣ級戦犯とされた。ＢＣ級戦犯に問われたのは合計五七〇〇名とされているが、その中に朝鮮人一四八名、台湾人一七四名が含まれている。

これらの元ＢＣ級戦犯の朝鮮人らは、戦後、日本においては「もはや日本人ではない。外国人である」とされ、他の元日本人兵士と同様の扱い（国家補償の性格を有するもので戦没者遺族、傷痍軍人及びその遺族、退職軍人及びその遺族が対象に支払われる軍人恩給・遺族年金）を受けることなく、母国では「日本軍協力者」として白眼視されることとなる。

軍票・軍事郵便貯金：軍票は正式には、軍用手票といい、日本軍が軍事占領した現地での物資調達のために一時的に使う現地通貨のことである。一九四五年、日本敗戦にともない、連合国軍最高司令官名で「法貨に関する覚書」が出され、日本軍による軍票は無効となった。一九九三年に東京地裁に訴えた香港住民によると「香港ドルから強制的に軍票に換えさせられた」「香港ドルを隠し持っていたために殺された者もいた」という。

軍事郵便貯金というのは、「貯蓄増強運動」のもと、戦地に郵便局を設置して軍人・軍属らのお金を集めていたものである。それぞれ、陸軍では野戦郵便局、海軍では海軍軍用郵便所と呼ばれていたが、設置場所は中国、東南アジアに約四〇〇カ所あったという。これらの郵便局は、一九四六年五月までに閉鎖された。インフレ防止のため払い戻しは制限されていたが、五五年に約五二万人に払い戻しをした。しかし、台湾人・朝鮮人にはそれぞれ、五二年の日華平和条約、六五年の日韓基本条約を理由に財産請求権問題は「完全かつ最終的に解決された」として支払われなかった。

以上、戦後補償の代表的なものを挙げたが、それ以外にも「日本の植民地であったサハリンに労働力として動員された韓国・朝鮮人が長年帰国できずにいた問題」（サハリン残留韓国・朝鮮人問題）、「日本軍が中国に持ち込んだ使用禁止の毒ガスを戦後中国にそのまま遺棄した問題」（毒ガス遺棄問題）などもあり、国内に目を向けると「敗戦後、日本兵がソ連兵に連行されシベリアの収容所に長年抑留されていた問題」（シベリア抑留）、「戦争中沖縄住民が八重山に強制疎開させられたことでマラリアに集団罹患した問題」（八重山の戦争マラリア）、「戦争中に動員された北方の少数民族ウィルタ民族への恩給問題」（ウィルタ民族恩給問題）など未解決の戦後補償問題は山積したままである。

戦後補償裁判のゆくえ

戦後補償問題に関する訴訟がたくさん起こされている。被害を受けた原告が、日本政府を相手に訴訟を起こすわけであるが、その訴訟で原告が勝訴することはない。戦後補償裁判において、重要な論点が四つある。「事実認定」「国家無答責の原則」「時効・除斥期間」「条約」の四つである。

「事実認定」は文字通り「訴えている内容は事実かどうか」である。戦後補償裁判においてはほぼ「事実認定」はされている。つまり「そういう事実はあった」ということである。「戦争によって辛く厳しい体験をした」ことを認めながらも補償はされない。それはなぜか。残りの三つの壁が原告たちの前に立ちはだかるのである。

まず「国家無答責の原則」。「大日本帝国憲法下においては、国の権力行使によって個人が損害を受けても、国は損害賠償責任を負わない」という原則である。「賠償責任を負う」という法律がない以上「補償はしない」ということである。一方、一九四七年以後は「国家賠償法」が制定されているために国はその責任を負うことになっている。

「時効・除斥期間」とは何か。「その損害及び加害者を知った時から三年間を時効期間といい、その不法行為の時から二〇年間を除斥期間という」。つまり、その期間以内に権利を行使しないと権利は消滅するということである。

そして、戦後補償問題において原告たちの最も大きな壁となっているのが「条約」である。韓国との間では、一九六五年に日韓基本条約と日韓請求権協定が結ばれており、中国との間には一九七八年に日中平和友好条約が結ばれている。これらの条約により、「両国間において戦争によって生じる賠償は全て終わっている」という解釈である。近年の戦後補償裁判はほぼこの「条約により棄却」という判決で原告の訴えは斥けられている。

国を訴えた裁判に較べて企業を訴えた裁判については原告勝訴になることもある。例えば、中国人の強制連行・強制労働を扱った二〇〇四年の西松建設訴訟において、最高裁は訴えを棄却したが「和解勧告」の附言を加えた。「法律では救えないけど、これだけひどいことをしたのだから当事者間で話し合って良い解決法を探したらどうか」ということである。そして、原告と被告の話し合いの結果、原告の要求した①謝罪、②補償金、③慰霊という三つの訴えは全て実現された。

戦争は終わっていない

「事実認定」を行い、日本が引き起こした戦争によって被害をもたらしたことは認めながらも「今の法体系では被害者たちを救済することができない」という理屈はわかりにくい。「悪いことをしたらきちんと謝り、原状回復を図る」のは子どもでもわかる理屈だと考える。

法でできなければ、政治で解決するという方法もある。条約が壁になっているのであれば、条約を改正するという方法もある。しかし、そのような動きは残念ながら見られない。

そうしている間に被害者はどんどん高齢化していく。救済できない事実が歴史となっていく。戦後五〇年に際し、当時の村山首相は政府を代表して次の談話（村山談話）を発表した。

わが国は、遠くない過去の一時期、国策を誤り、戦争への道を歩んで国民を存亡の危機に陥れ、植民地支配と侵略によって、多くの国々、とりわけアジア諸国の人びとに対して多大の損害と苦痛を与えました。私は、未来に誤ち無からしめんとするが故に、疑うべくもないこの歴史の事実を謙虚に受け止め、ここにあらためて痛切な反省の意を表し、心からのお詫びの気持ちを表明いたします。

戦争被害に対する戦後補償問題を解決できない状況においては、まだ戦争は終わっていないのではないだろうか。

【学びを深めるために】

- 内田雅敏『「戦後補償」を考える』講談社現代新書、一九九四年
- 朝日新聞戦後補償問題取材班『戦後補償とは何か』朝日新聞社、一九九四年
- 田中宏・中山武敏・有光健ほか『未解決の戦後補償―問われる日本の過去と未来』創史社、二〇一二年
- 中山武敏・松岡肇・有光健ほか『未解決の戦後補償Ⅱ―戦後70年・残される課題』創史社、二〇一五年
- 林博史『ＢＣ級戦犯裁判』岩波新書、二〇〇五年

column

徴用工問題とは何か

韓国人徴用工

一九三七年、日中全面戦争が始まって以来、多くの成年男子が兵士にとられたため、日本国内は深刻な労働力不足に陥った。それを補おうとした日本政府は、三八年に国家総動員法を制定して学生ら国内の若年労働力を総動員した。さらに同年「国家総動員法ヲ朝鮮、台湾及樺太ニ施行スルノ件」、三九年の「朝鮮人労務者内地移入ニ関スル件」によって、当時日本の植民地とされていた朝鮮半島から多くの人びとが日本に連れて来られ、鉄鋼、鉱山、炭鉱、基地建設などで過酷な労働に従事させられた。

最初は、日本国内の企業が朝鮮総督府の許可を得て、指定された地域で労働者を募り、応募した人たちが集団で内地に渡航する「募集」という体裁であったが、しだいに企業が朝鮮総督府に必要人数を申し入れ、総督府が人数を道（日本でいう県）に割り当て、道は郡（市）に、郡は邑（町）や面（村）にそれぞれ割り当て人数を下ろしていく「官斡旋」となり、後半は「国民徴用令」（一九三九年）に基づき強制的に人員を徴用できる「徴用」という形をとるようになった。これらの労働は、実態として強制労働であったとされ、過酷な労働条件や食糧不足の上に移動の自由が奪われ、暴力をふるわれることもあり、賃金の未払いも見られた。

一九九〇年代、強制労働を強いられた元徴用工やその遺族である韓国人約一〇〇〇人が原告となり、日本政府と日本企業（日本鋼管、三菱重工、不二越、日本製鉄）に対して、戦時中の強制労働や暴行、賃金未払い等を理由として一五件の損害賠償請求訴訟を起こした。

徴用工裁判――日本と韓国の違い

日本の裁判所は、強制労働の実態などの「事実認定」は行ったが、一九六五年の日韓基本条約・日韓請求権協定において「完全かつ最終的な解決」が図られたとして請求を棄却した。原告たちは、韓国でも裁判を起こした。韓国の最高裁判所である大法院は二〇一八年に日本製鉄に、その後三菱重工に対して原告の訴えを認めて損害賠償を命じる判決を下した。

この両国の判決の違いは一九六五年の日韓基本条約・日韓請求権協定の評価、解釈の違いから生じていると考えてよい。日韓基本条約が結ばれた時に、両国間で合意できなかった問題があった。それは、「日本の韓国に対する植民地支配の清算」という問題であった。

日本は、一九一〇年の韓国併合を合法なものとし、植民地支配の正統性を主張しているが、韓国側は武力による強引なものであったと韓国併合を認めず、植民地支配を非合法なものとらえていた。しかし、当時ベトナム戦争を戦っていたアメリカは、日本と韓国の双方に対し早期の条約締結を求めていたため、「日本の韓国に対する植民地支配の清算」は合意に至らず結局棚上げされてしまったのである。

したがって、日本の裁判所は「戦争に関わるすべての賠償請求権は放棄された」と考えたが、韓国の裁判所は「植民地支配に関わる清算が終わっていないため元徴用工たちの賠償請求権は有効である」と考え、「不当な植民地支配と直結した日本企業の反人道的な不法行為を前提とする強制動員被害者の慰謝料請求」にあたるとして日本企業に賠償を命じたのである。

日本との関係改善を進める韓国の尹錫悦《ユンソンニョル》政権は二〇二三年、政府傘下の財団が賠償金相当額を支払う「解決策」を発表。韓国外交省関係者は「解決策について説明し理解を求める」としているが、二〇二四年において大法院は「日本企業に賠償を命じる」という判決にしたがった措置を継続しており問題の解決には至っていない。

中国人徴用工裁判の場合

戦争中、日本政府は朝鮮半島だけではなく中国からも労働力を確保しようとした。一九四二年、東条内閣は「華人労務者内地移入に関する件」を閣議決定し、四四年八月から四五年五月までの間に三回にわたり中国人を強制連行し、国内の鉱山、ダム建設現場など一三五事業所で強制労働させた。

この中国人の中には、戦争捕虜も含まれ、占領地における民間人の拉致など、いわゆる強制連行・強制労働とされるものであり明らかな国際法違反であった。

この中国人徴用工においても損害賠償請求を求める裁判が起こされた。一九八九年に中国人と遺族らによって鹿島建設に対して起こされたのが「花岡事件訴訟」である。四五年、秋田県花岡鉱山で働かされていた中国人労働者たちは過酷な環境、労働に耐えきれずに四名の日本人を殺害するなどの「暴動」を起こした。それまでに酷使、虐待で一三七名の中国人労働者が死んでいた状況だったことを考えれば「追いつめられた末の蜂起」であった。この蜂起は憲兵隊、警察、地元警防団によって鎮圧され、山中に逃げ込んだ者も含めて全員が逮捕され、逮捕後は厳しい拷問を受けることとなった。鎮圧、拷問による死者は一〇〇人以上とされた。これが「花岡事件」である。一人あたり五〇〇万円を約一〇〇〇人分、合計五〇億円の損害賠償を求めた裁判であったが、一審は事実審理を行わず、「訴えるのが遅すぎた」という時効・除斥期間を理由に請求を棄却した。第二審は、慎重な事実審理を行ったうえで九九年、和解勧告を行った。そして、裁判所による粘り強い説得もあり、二〇〇〇年、ついに和解が成立した。鹿島建設は、強制連行・強制労働について「企業として」の責任を認め、謝罪するとともに和解金五億円を支出することとした。

広島県の安野発電所のトンネル工事現場で過酷な労働に従事した中国人たちも西松建設を相手に訴訟を起こした。二〇〇七年、最高裁は事実認定を行いつつも、「日中共同声明により請求権は放棄されている」と訴えを棄却したが、「附言」の中で「本件被害者らの蒙った精神的・肉体的苦痛が極めて大きい」ことから「関係者において、本件被害者らの被害の救済に向けた努力をすることが期待される」と和解を促した。そして次のような和解が行われた。

①加害の事実及びその責任を認め謝罪する。

②謝罪の証しとして経済的な手当（賠償・補償）をなす。
③将来の戒めのため歴史教育を行う。

この和解は、ほぼ原告の訴えに基づく内容であり、二〇一〇年には安野発電所の地に受難者・遺族と西松建設の連名で「安野　中国人受難の碑」が建立された。

この流れに沿う形で、二〇一六年には三菱マテリアルも原告（受難者）たちと和解した。

中国人徴用工裁判においては、このように裁判では原告（受難者）敗訴となったうえで裁判所による「和解」勧告により、企業が和解に応じ、受難者への補償が実現する事例が続いている。

徴用工問題のゆくえ

日本における韓国人徴用工と中国人徴用工の裁判における扱いの差は何なのか。最大の理由は、「韓国人は日本の植民地支配を受けているから日本人と同じ扱いを受けるべきである」が、「中国人は外国人であり交戦国の国民である」という被害者（受難者）に対する解釈の違いである。戦後補償裁判でよく使われる言葉に「共同受忍論」がある。「戦争被害は国民が等しく受忍すべきものである」というものである。それは「韓国人は日本の植民地だったのだから日本人と同じように我慢すべき」という理屈へとつながる。

この徴用工問題を解決するには、一九六五年の日韓基本条約・日韓請求権協定締結時に合意できなかった「日本の韓国に対する植民地支配の清算」がきちんとなされることが不可欠である。

中国人受難者たちとの和解に応じた企業の三菱マテリアルの幹部はこういう言葉を残している。

「過ちて改めざる、これを過ちという」

「間違っていたことを間違いと認めないこと、それが過ちである」という意味である。

徴用工問題に限らず、戦後補償問題全体に、日本の「過去に対する歴史認識」の問題が大きく関わっていることがわかる。

【学びを深めるために】

- 内田雅敏『元徴用工和解への道―戦時被害と個人請求権』ちくま新書、二〇二〇年
- 内田雅敏『「戦後補償」を考える』講談社現代新書、一九九四年
- 瑞慶山茂責任編集『法廷で裁かれる日本の戦争責任』高文研、二〇一四年
- 朝日新聞戦後補償問題取材班『戦後補償とは何か』朝日新聞社、一九九四年
- 田中宏・中山武敏・有光健ほか『未解決の戦後補償―問われる日本の過去と未来』創史社、二〇一二年
- 中山武敏・松岡肇・有光健ほか『未解決の戦後補償Ⅱ―戦後70年・残される課題』創史社、二〇一五年
- 竹内康人『韓国徴用工裁判とは何か』岩波ブックレット一〇一七、二〇二〇年
- 吉澤文寿『日韓会談1965―戦後日韓関係の原点を検証する』高文研、二〇一五年

15 〝捨て石〟作戦の島② 軍事植民地としての沖縄

猫と鼠

アジア太平洋戦争のまっ最中の一九四三年、日本軍は沖縄の住民から有無を言わさずに土地を取り上げ、戦争遂行のための飛行場などを建設した。そして、四五年には日本軍に替わって米軍が本土攻撃の航空作戦の拠点とするために日本軍の飛行場を接収し、住民を収容所に入れている間に読谷や伊《い》江《え》島、嘉手納《かでな》などの飛行場を米軍基地に変えていった。沖縄の住民は戦後になって基地を押し付けられたのではなく、戦中から現在に至るまで軍隊の論理によって土地を奪われ翻弄されてきたのだ。日本軍から米軍に相手は変わっただけで、軍隊は自らの存在のために、沖縄の土地と人びとの暮らしを脅かしてきたと言える。

敗戦によって日本はＧＨＱの占領下におかれたが、日本政府としての行政組織は残された。一方、沖縄だけは日本から分離され、米軍政府の直接支配によって米軍の要塞に変えられていった。

「軍政府は猫で、沖縄は鼠である。猫の許す範囲内しか鼠は遊べない」

アメリカの軍政府政治部長のワトキンス少佐が一九四六年に住民を前にして言った言葉だ。沖縄の住民の基本的人権はあくまでも米軍の許す範囲でしか認められなかった。五一年サンフランシスコ平和条約が結ばれたが、日本復帰を求める県民の願いを一顧だにしない日米両政府によって、再び沖縄は見捨てられ、アメリカの統治が続くことになった。対日平和条約発効の日、一九五二年四月二八日は住民にとって〝屈辱の日〟でしかなかった。

島ぐるみ闘争と沖縄返還

対日平和条約締結後、米軍は、沖縄の地主と賃貸契約を結ぶために一坪当たりコーラ一本も買えないような低額の軍用地使用料を呈示した。契約期間も二〇年という半永久的なものだったため、この提案に地主たちが納得できるはずはなかった。当時沖縄統治の任に当たっていたUSCAR（琉球列島米国民政府）は、一九五三年、「土地収用令」を公布し、契約を拒否する地主の土地を〝銃剣とブルドーザー〟と呼ばれる実力行使による接収の方針を出した。真和志《まわし》村安謝《あじゃ》・銘苅《めかる》・天久《あめく》（現在の那覇市北部・新都心付近）から、小禄《おろく》村具志《ぐし》、伊江村真謝《まじゃ》・西崎《にしざき》、宜野湾《ぎのわん》村伊佐浜《いさはま》で、反対する農民に銃剣を突きつけ、その家屋をブルドーザーで取り壊したり、燃やしていったのだ。

これに抗議した住民たちは「土地を守る四原則」を要求し、組織を結成した。四原則とは、①地代の一括払い反対、②適正補償、③損害賠償、④新規接収反対だ。USCARの厳しい弾圧にめげずに、農民たちは琉球政府（沖縄県民によって構成される本来沖縄の政治機関だが、実際はUSCARの意向に従っていた）や立法院（琉球政府の立法機関）に陳情活動を繰り返した。農民は行政府の前で座り込み、行進し、街頭で訴えた。立法院は「土地を守る四原則」を決議し、島ぐるみ闘争が始まり、沖縄各地で反対集会が広がっていった。

一方、本土においても砂川闘争（東京都立川市における米軍立川基地拡張反対運動）や内灘《うちなだ》闘争（石川県内灘村で行われた米軍基地反対運動）、妙義闘争（群馬県妙義山麓などで行われた米軍演習場計画反対運動）がたたかわれていた。日米両政府は地上戦闘部隊を日本本土から撤退させ沖縄に移すことで、日本国内の反米運動を押さえ込み、解決しようとした。この時期、日本本土の基地は大きく減少したが、その犠牲になったのが沖縄だった。沖縄の米軍基

上：「金は一年土地は万年」の幟（1955 年、宜野湾市伊佐浜）／下：那覇市街に掲げられた「四原則貫徹」の横断幕（1956 年、上下とも写真提供：沖縄県公文書館）

上：嘉手納基地に駐機しているB29（1952年、出典：米国立公文書館 Box 3002, No.26032）／下：B52（1972年、写真提供：沖縄県公文書館）

地はそれまでの二倍になることになったのだ。

沖縄の嘉手納基地は一九五〇年に始まった朝鮮戦争でB29の出撃拠点となり、朝鮮半島を爆撃した。その後、アメリカは基地機能の強化を進め、極東最大の空軍基地となった。そして、再び一九六〇年代になると沖縄の基地はベトナム戦争遂行のためのアメリカ軍の拠点となった。毎日のように「黒い殺し屋」と呼ばれたB52戦略爆撃機が住民の頭上を飛び、一九六八年には嘉手納基地内で離陸に失敗したB52が墜落炎上し、滑走路から県道一六号線までが火の海になった。住民の中には事故の恐怖だけでなく、侵略戦争に加担させられているという意識が広がり、ベトナム反戦運動の世界的高まりと相まって反基地闘争としての民衆運動が高まっていった。沖縄復帰運動は占領下から抜け出し本土並みの生活と権利を手に入れたいという願いとともに、侵略戦争の共犯者にも被害者にもなりたくないという反戦反基地の願いが一つになって広がっていったと言える。

一九六九年、ニクソン大統領と佐藤栄作首相は沖縄返還協定に合意した。七二年五月一五日、返還式典の日、東京武道館において昭和天皇夫妻臨席のもと、盛大な政府主催の式典が行われた。沖縄では、復帰記念式典が那覇市民会館で開かれたが、屋良朝苗《やらちょうびょう》琉球政府主席は次のように述べた。

沖縄の復帰の日は疑いもなくここに到来した。しかし、沖縄県民のこれまでの要望と心情に照らして復帰の内容をみると、必ずしも私どもの切なる願望がいれられたとはいえないことも事実である。そこには米軍基地の態様の問題をはじめ、内包する多くの問題がある。これらを背負い込んで復帰したわけである。

屋良の言う「内包する多くの問題」とは何だろう。米軍基地はなくなるどころか、在日米軍の再編によって在日米軍専用施設の約七〇％が沖縄に集中し、自衛隊も配備された。そして、有事の際の核持ち込みも容認されたのだ。那覇市民会館に隣接する与儀公園では、沖縄県祖国復帰協議会が主催する抗議集会が行われ、一万人が集まり、怒りのシュプレヒコールを上げた。土砂降りの雨が降っていた。

基地があるための被害

米兵による性暴力は一九四五年、米軍が沖縄に上陸した直後から始まった。そして、戦争が終わってからも米軍統治下で、米軍の軍人によって凶悪な性犯罪は繰り返されてきた。五五年、六歳の少女が嘉手納基地所属の米兵に暴行され、海岸で殺害された姿で見つかった事件は住民に大きな衝撃を与えた。しかし、表面化した事件はごく一部でしかない。

一九九五年、沖縄県北部に住む小学生が三人の米兵によって強姦されるという事件が起きた。基地があるために起きる性被害、人間の尊厳を踏みにじり一生消えない傷を刻まれた少女の痛み、いたいけな少女の安全を脅かす基地の存在に県民の怒りは燃え上がった。そして、県民の怒りに火をつけたのは、容疑者が特定されていながら、米軍が身柄の引き渡しに応じなかったことだ。これは米軍人の地位を優先的に保護する日米地位協定（後述）に起因している。米軍基地は沖縄の人びとの命や安全を脅かしこそすれ、県民のためにはまったくなっていない現実を住民は突きつけられた。

一九九五年一〇月二一日、普天間《ふてんま》基地のすぐそばにある宜野湾海浜公園で開かれた「米軍人による少女暴行事件を糾弾し日米地位協定の見直しを要求する沖縄県民総決起大会」には八万五〇〇〇人が結集し、米軍人による犯罪の根絶と米軍基地の整理・縮小を求めた。大田昌秀・沖縄県知事はあいさつの中で「行政を預かる者として、本来一番に守るべき幼い少女の尊厳を守れなかったことを、心の底からおわびしたい」と声を震わせた。県民大会に参加した普天間高校の生徒の言葉は参加者の胸を打った。

もうヘリコプターはうんざりです。わたしはごくふつうの高校三年生です。たいしたことは言えないと思いますが、ただ思ったことを素直に伝えますので聞いてください。私が通った普天間中学校は、運動場のすぐそばに米軍の基地があります。普天間第二小学校はフェンス越しに米軍の基地があります。

ニュースで米軍機の墜落事故を知ると、いつも胸が騒ぎます。私の家からは、米軍のヘリコプターが滑走路に降りてゆく姿が見えます。それはまるで、街の中につっこんでゆくように見えるのです。

私は今まで基地があることをしようがないことだと受け止めてきました。しかし、私たち若い世代も、当たり前だったこの基地の存在の意味を考え直しています。学校でも意外な人が、この事件についての思いを語り、みんなをびっくりさせました。それぞれ口にはしなかったけれども、基地への不満が胸の奥にあったことの表れだと思います。今日、普天間高校の生徒会は、バスの無料券を印刷して、全校生徒に呼びかけ、「みんなで行こう。考えよう」と、この大会への参加を呼びかけていました。浦添高校の生徒会でも同じ事が行われたそうです。そして今、ここにはたくさんの高校生、大学生が集まっています。いつまでも米兵におびえ、事故におびえ、危機にさらされながら生き続けていくのは、私はいやです。未来の自分の子ども達にもこんな生活はさせたくありません。私たち生徒、こども、女性に犠牲をしいるのはもうやめてください。

私は戦争が嫌いです。人を殺すための道具が自分の身の回りにあるのはいやです。次の世代になう私たち高校生や大学生、若者の一人一人が嫌なことは嫌と口に出して行動していくことが大事だと思います。若い世代に新しい沖縄をスタートさせてほしい。沖縄を本当の意味で平和な島にしてほしいと願います。そのために私も、一歩一歩行動していきたい。

私たちに平和な沖縄を返してください。

軍隊のない、悲劇のない、平和な島を返してください。

普天間高校代表　中村清子

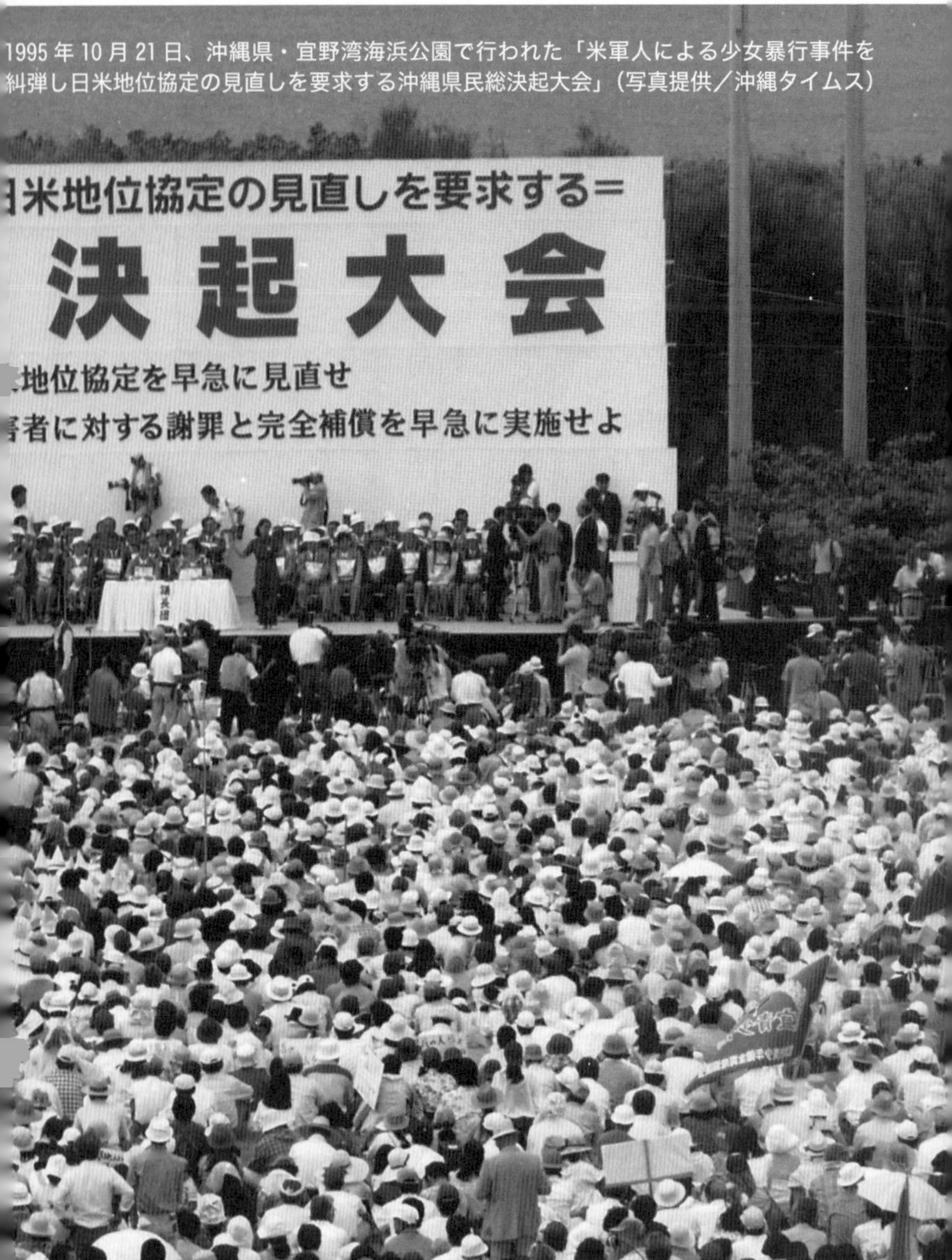

1995年10月21日、沖縄県・宜野湾海浜公園で行われた「米軍人による少女暴行事件を糾弾し日米地位協定の見直しを要求する沖縄県民総決起大会」（写真提供／沖縄タイムス）

=米軍人による少女暴行事件を
沖縄県民
● 基地の整理縮小を促進せよ
● 米軍人の綱紀を粛正し犯罪を根絶せよ
沖縄県高齢者協同組合
CO·OP

この事件と県民大会が日本本土の世論も喚起し、一九九六年四月一二日、橋本龍太郎首相とモンデール駐日大使は「五年ないし七年以内の普天間基地の全面返還」を発表した。しかし、これは名護《なご》市辺野古《へのこ》沖への「新基地建設」を前提としたものだった。ここから、新たな基地問題が生じていくのだ。

基地に翻弄される沖縄と日米地位協定

一九九五年の少女暴行事件以降も、米軍基地があるための事件や事故は起き続けている。

- 二〇〇四年八月、沖縄国際大学に普天間基地所属のヘリが墜落。
- 一三年八月、キャンプ・ハンセン内でヘリ墜落。
- 一六年四月、米軍属による女性暴行殺人事件。
- 一六年一二月、名護市安部《あぶ》の海岸にオスプレイ墜落。
- 一七年一二月、普天間第二小学校に普天間基地所属のヘリから窓枠落下。

こういった事故事件以外に、基地から地下水などに流出される有機フッ素化合物（PFOS・PFOA）によって住民の生活用水が汚染される問題も起きている。

事件が起きるたびに、その解決の足かせになっているのが日米地位協定だ。

日米地位協定は一九五二年、サンフランシスコ平和条約が結ばれた時に日米行政協定として成立し、六〇年、安保条約改定と共に現在の日米地位協定となった。日米地位協定とは、日本に駐留する米軍の権利についての取り決めであって、在日米軍の基地の使用や訓練や行動範囲などとともに、米軍人の犯罪などについて二八条にわたって詳しく取り決めたものだ。

この協定は、日本を占領していた当時の米軍の特権がそのまま維持されたため、日本にとって非常に不平等な内容となっている。具体的には、米兵やその家族が起こす犯罪に関しては、日本側は刑事裁判権を持たないいため、被疑者がわかっていても逮捕したり、身柄の引き渡しが米軍の裁量次第になっている点が長い間問題となってきた。一九九五年の少女暴行事件の被疑者も当初は身柄の引き渡しが行われなかったが、世論の高まりの中で実現した。その後、殺人などの重大犯罪は、米側が身柄引き渡しに「好意的な配慮を払う」という運用改善で日米両政府は合意した。つまり「好意的な配慮」を行うかどうかは米側に委ねられているのだ。

二〇〇四年の沖縄国際大学へリ墜落事件の時も、日米地位協定が壁となって立ちはだかり、米軍が大学を封鎖し、日本の警察も消防も宜野湾市長すらも立ち入ることができなかった。日米地位協定のために、どれだけ多くの事故や事件の被害者が泣き寝入りさせられてきただろう。

地位協定が六〇年以上沖縄の住民の命や生活、安全を脅かす状態が続いてきたのだ。国の防衛のためと言いながら、沖縄の住民は常に犠牲を強いられ続けている。戦争中、日本によって「捨て石」にされた沖縄は、今も日米のはざまで「捨て石」にされていると言えるのではないだろうか。

押しつぶされる県民の声

辺野古新基地建設をめぐっては、普天間基地周辺の住民は自分たちが経験してきた基地があるがゆ

普天間基地（写真提供：沖縄県知事公室）

えの苦しみを沖縄県内の他のところに移すということに手放しで喜ぶことはできなかった。ババ抜きのババを県内でたらいまわしにさせられているだけではないかと、沖縄だけに押し付けられる苦しみに住民たちは煩悶した。

政府は沖縄関係予算の増減という「アメとムチ」で沖縄を懐柔しようとした。

住民は何度も自らの意思を示し続けた。

一九九六年九月八日、「米軍基地の整理・縮小と日米地位協定の見直し」の賛否を問う県民投票が行われ、投票率五九・五％、賛成八九％、約四八万人が基地にＮＯを表わした。

二〇一九年二月二四日、「名護市辺野古沖の新基地建設に伴う埋め立て」の賛否を問う県民投票が行われ、投票率五二・四％、反対七一・七％、四三万人が基地にＮＯを突きつけた。

二〇一四年、翁長雄志《おながたけし》が、仲井眞弘多《なかいまひろかず》知事が決めた「埋め立て承認」の撤回を掲げ県知事に当選、翁長の死後、玉城《たまき》デニーが新基地建設反対を公約にして知事になった。

しかし、政府は沖縄の基地NOの声を無視し続け、辺野古埋め立てを強引に進めている。二〇一八年一二月に始まった埋め立て工事は今も続き、完成の予定は見えない。建設予定地の大浦湾がマヨネーズのような軟弱地盤とわかったからだ。当初二〇二四年完成予定と言われていた工事は大幅に遅れ、予算はうなぎのぼりに増えている。今日も辺野古では市民が「埋め立て反対」の抗議の座り込みを続けている。

沖縄の今を知らなければならないのはなぜだろうか

二〇二二年、琉球新報と毎日新聞が復帰五〇年の合同世論調査を実施した。日米安保条約について、「役立っている」が県内で四二％、「役立っていない」が一一％、県外では「役立っている」が四九％、「役立っていない」が七％だった。いずれも日米安保条約については肯定的な意識が高く、県内と県外で大きな差は見られなかった。一方、在日米軍の沖縄への集中を「不平等だ」とするのは、県内では六割に達したが、県外では四割にとどまった。復帰五〇年を経て、沖縄への基地集中を是認する姿勢が浮かび上がる（二〇二二年五月一〇日、琉球新報WEB版）。安保と基地の集中に対する意見の齟齬はどこから来るのだろう。

それは、実際に自分の目で基地を日常的に見ているか、自分の住んでいるそばに基地があるかどうかではないだろうか。沖縄では観光地のすぐそばの意外なところが基地や軍用地だ。ただ、それは見ようとしなければ、見えてこない。沖縄に住む人は、日々朝から夜まで戦闘機の騒音や振動に晒され、飲み水の汚染や健康被害の不安にさいなまれている。

一方、観光客として沖縄に行く人びとにとって沖縄と言えば、青い海青い空、亜熱帯の自然、独特の音楽や文化、日本本土で感じることのできないエキゾチックな雰囲気を求めて旅をするところになっている。基地というものへの視線はそもそも無いのだ。あったとしても、嘉手納道の駅のデッキから飛ぶ戦闘機を見て、映画「トップガン」の世界を思い浮かべたり、せいぜい「すごい音だなぁ〜」と歓声をあげるくらいだろう。日常をその音に囲まれている住民の生活に想いをいたすことはない。基地の問題も日米地位協定の問題も多くの日本本土に住む人間は考えなくても生きていける。その一方で日米安保条約は必要だと言う。では、沖縄以外でどこが引き取るのかということに話が及ぶと途端に沈黙が訪れる。

今、沖縄本島のみならず石垣島や与那国島などへの自衛隊の配備が進んでいる。再び沖縄を戦場にしないために、私たちは沖縄戦だけでなく、敗戦後に「基地の島」となった沖縄の現状を見つめ、住民の思いを聴き、この現状をどうしたらいいのかを考えることが必要ではないだろうか。

【学びを深めるために】

- 前田哲男・林博史・我部政明『〈沖縄〉基地問題を知る事典』吉川弘文館、二〇一三年
- 前田勇樹・古波蔵契・秋山道宏『つながる沖縄近現代史』ボーダーインク、二〇二一年
- 山本章子・宮城裕也『日米地位協定の現場を行く──「基地のある街」の現実』岩波新書、二〇二二年
- 新崎盛暉ほか『第5版　観光コースでない沖縄』高文研、二〇二三年

16　戦争に反対するって当たり前じゃないの？

——非戦の系譜

ずっと戦争だった近代日本

世界のあちこちで戦争や内戦が起きると、当然のように国内外で戦争に反対するデモや集会が行われる。日本政府も「一日も早い戦争の終結を」と談話や記者会見でメッセージを発表する。

しかし、近代日本は一九四五年の敗戦までずっと戦争の連続であった。「戦争」という名前がついていなくても「事変」「出兵」とされているものはすべて戦争状態であった。しかも、ほとんどすべてが国を守る防衛戦争ではなく近隣諸国への侵略戦争だったことが現在明らかにされている。また、「事件」や「処分」と名のつくものもほぼ軍事行動を背景としたものであった。

その戦争を「正義」と信じ込んだ国民は、勝利に酔いしれ、獲得した利益を当然と考え、次の戦争に備えてきた。それが近代日本の歩みであった。

そんな中、「戦争に反対する」「戦争を否定する」という行動は、きわめて少数であった。当時は「非国民」「売国奴」と罵られ、戦争中は逮捕・投獄も覚悟しないといけない決死の行動であった。そんな勇気ある行動をとった人びとをここで紹介したい。

なお、ここでは「戦争に反対する」「戦争を否定する」ことをまとめて「非戦」と呼ぶこととする。

日露戦争への厭戦、非戦、反戦

開国以来、「富国強兵」のスローガンのもと、台湾出兵、「琉球処分」（「琉球併合」）、日清戦争など武力による侵略戦争に対し国民の側から表立った反対運動はほぼなかったと言ってよい。むしろ、「欧米列強に抗して、国際的地位を向上させている」と支持する声が圧倒的多数であった。

しかし、日露戦争はこれまでの戦争とは様相が違った。まず、大国ロシアが相手であったことからこれまでの戦争より大規模で戦死者数もケタ違いに多かった。身近な人間の死に接することで戦争のもたらす被害が他人事ではなくなった。また、莫大な戦費の調達を目的に増税が繰り返され、戦争が国民生活に与える影響の大きさも実感されることになった。

有名なのは歌人与謝野晶子の詩「君死にたまふことなかれ」であろう。この詩に込められているのは、戦争に反対する「反戦」ではなく戦争を厭う「厭戦」だとも言われている。どちらにしても「親は刃をにぎらせて　人を殺せと教えしや」に込められた人道主義にもとづく徴兵制批判や「すめらみことは戦ひに　おほみづからは出でまさね」の天皇批判は、きわめて具体的な言葉で戦争の不条理さを訴えており、当時の人びとだけでなく今日の人びとの心をもとらえる詩になっているのではないだろうか。晶子の詩は作家大町桂月から「乱臣なり」「賊士なり」と強烈な批判にさらされたが、晶子は「歌はまことの心を歌うもの」と反論した。

一方、理論において日露戦争を徹底的に批判したのが社会主義者幸徳秋水であった。盟友堺利彦と『平民新聞』を発行した秋水は、同紙において真っ向から非戦論・反戦論を展開した。

以下は、秋水が平民新聞紙上に発表した詩「兵士を送る」の一節である。

諸君　今や人を殺さんが為に行く
否《しから》ざれば即ち
人に殺されんが為に行く
吾人は知る
是れ実に諸君の願ふ所にあらざることを

（『平民新聞』第一四号、一九〇四年二月一四日発行）

このように与謝野晶子同様に戦争の非条理さを訴えた秋水であったが、「今の悪制度廃止に尽力せんのみ」とあるように社会主義の立場から帝国主義（資本主義）を批判し、「列国紛争の真相」「朝鮮併呑論」などにより侵略政策そのものを糾弾し国際連帯を主張した。堺とともにトルストイの日露戦争批判の書「日露戦争論」も翻訳している。

良心的兵役拒否

徴兵制のある国でも、信仰上の理由などから兵役を拒否し、ボランティアなどの活動によりその義務を代替する制度がある。そのような行動を一般的には「良心的兵役拒否」と呼んでいる。日露戦争の時にその「良心的兵役拒否」を貫いた人物がいた。キリスト者矢部喜好《やべきよし》である。喜好は日露戦争の際、仙台連隊に召集がかかったが、連隊長を訪問して「良心的兵役拒否」を伝えた。喜好のその不屈の信念を支えていたのは聖書の「汝《なんじ》殺すなかれ」の一節であったと言われる。

一九〇二年、中学に通っていた喜好はすでに洗礼を受けていたが、会津若松の街頭で「非国民」「売国奴」と罵られ、投石を受けながら、「戦争反対」を訴えたという。徴兵を拒否した喜好は、裁判にかけられ軽禁錮二カ月の判決を受けて地元の若松監獄に収容された。出獄後に仙台第二師団長の説得を受けたが喜好は受け容れず、結局看護卒にすることでおさめたという。

こうして矢部喜好は日本初の「良心的兵役拒否」者となった。

植民地主義・大陸侵略政策への反対

日露戦争後、南樺太の領有、韓国併合、第一世界大戦（シベリア出兵）など「植民地拡大」「大陸侵略」路線をひた走る大日本帝国の歩みに対して真っ向から反論するジャーナリストがいた。石橋湛山《いしばしたんざん》である。東洋経済新報の主筆であった湛山は、一九二〇年、「大日本主義の幻想」（七月三〇日、八月六日、八月一三日「社説」）において「植民地の放棄」を提案する。社説の冒頭「朝鮮台湾樺太も棄てる覚悟をしろ、支那や、シベリヤに対する干渉は、勿論《もちろん》やめろ」と主張する。湛山の非戦論・反戦論の特徴は、政治はもちろん経済のあらゆるデータを駆使して「植民地領有は日本のためにならない」と現実的に植民地主義・大陸侵略政策を否定したことである。そして、「海外脅威」論に対しても次のように述べる。

若《も》し我国にして支那又はシベリヤを我《わが》縄張りとしようとする野心を棄《す》つるならば、満州、台湾、朝鮮、樺太等も入用でないと云う態度に出《い》づるならば、戦争は絶対に起らない、従って我国が他国から侵さるると云うことも決してない。

そして、湛山は日本の軍備増強が危機を拡大すると主張する。

日本に武力あり、極東を我物顔に振舞い、支那に対して野心を包蔵《ほうぞう》するらしく見ゆるので、列強も負けてはいられずと、しきりに支那乃至《ないし》極東を窺《うかが》うのである。

現在の視点から見ても、先駆的で現実的な「非戦論」「反戦論」であったと言ってよい。

もう一人、ジャーナリストを挙げるとすれば桐生悠々《きりゅうゆうゆう》であろう。長野県の『信濃毎日新聞』の主筆であった悠々は一九三三年「関東防空大演習を嗤《わら》う」の記事（八月一一日）を書く。悠々は数日前に関東で行われた防空大演習について次のように述べる。「敵機を関東の空に、帝都の空に、迎え撃つということは、我軍の敗北そのものである」。軍事演習の無意味さを訴えたものであったが、戦争末期の東京大空襲をはじめとする本土空襲の実態を予見したものであった。しかし、軍部や特高警察がこれを見逃すはずもなかった。実は悠々はそれ以前も繰り返し軍部批判を行っており、すでに松本連隊では『信濃毎日新聞』の講読を禁止し、記者の出入りも禁じていた。

結局、悠々は退社することになるが、退社後は雑誌『他山の石』において軍部との対決を続ける。「皇軍を私兵化して国民の同情を失った軍部」掲載号は発禁となり、「毛沢東が支那の最終の勝利者になる」と書いた「毛沢東の揚言」は検閲で原型をとどめないものとされた。その後も「アメリカと戦端を開くのは……無謀の極みである」と述べ、開戦後は「(勝った国も負けた国も)疲弊の極みに達するだろう。この時こそ、彼らははじめて彼らの愚に目覚める」と述べた。世界の軍縮・平和を主張し、植民地の独立を予見したその文章から、「関東防空大演習を嗤う」が単なる軍部の作戦批判ではなく、「非戦」「反戦」にもとづくものであったことがわかる。

反戦の川柳作家

石川県出身の川柳作家鶴彬《つるあきら》は一九三七年、治安維持法によって逮捕・投獄され、拷問のうえ翌三八年、獄死する。その作品は強烈なメッセージと残酷なまでのリアルさを備えている。

稼ぎ手を殺してならぬ千人針
万歳とあげて行った手を大陸へおいて来た
手と足をもいだ丸太にしてかへし

「戦争をするのが当たり前」でなおかつ「戦争で死ぬのが奉公」とされた時代に、「戦争に反対する」のは決死の覚悟が必要であり、実際に非業の死を遂げた者もいる。また、同様の行動をしながらここで取りあげていない人物も多数いることを強調しておく。

敗戦後、日本国憲法の三大原則に「平和主義」を掲げた日本では「戦争に反対するのは当たり前」になったはずであるが、はたしてそうであろうか。

軍備はいったん全廃されたが、その後どうなったか。

交戦国だった国々、植民地にした地域の国々との関係は良好であるか、戦後補償はなされたか。

かつての戦争のことだけでなく、今そしてこれからの戦争の危機は回避されているのか。

そういう戦争に関する諸々のことが「曖昧」であったり、「宙ぶらりん」であったり、「誤魔化されている」状況にないのかどうか。

「戦争に反対するのが当たり前」の国であるかどうかをあらためて問い直してみたい。

【学びを深めるために】

- 田畑忍編『近現代日本の平和思想―平和憲法の思想的源流と発展』ミネルヴァ書房、一九九三年
- 松尾尊兊『大正デモクラシーの群像』岩波書店、一九九〇年

17 「富国強兵」「殖産興業」は公害のはじまり

公害はいつから始まったのか?

公害と聞いてまず思い浮かぶのはおそらく四大公害として有名な水俣病〈註1〉、新潟水俣病〈註2〉、イタイイタイ病〈註3〉、四日市ぜんそく〈註4〉であろう。

では、公害とは何か? 一九九三年制定の環境基本法には次のように書かれている。「事業活動その他の人の活動に伴って生ずる相当範囲にわたる大気の汚染、水質の汚濁、土壌の汚染、騒音、振動、地盤の沈下及び悪臭によって、人の健康又は生活環境に係る被害が生ずること」――そう聞くと、公害のはじまりは、近代以降、特に産業革命以降のことだと想像がつく。ただし、時代が遡っても公害はあった。たとえば古代、奈良の大仏を造った時は金メッキに大量の水銀が使われたため、多数の水銀中毒者が出たという。また、中世・近世において佐渡《さど》金山、石見《いわみ》銀山などでは鉱毒問題が発生していたという。人類が金・銀・銅などの金属鉱業を開始した時からそれにともなう健康被害や環境破壊は存在したということである。

しかし、その被害の規模、影響の大きさを考えると、公害が社会問題として強く意識されるようになったのは、やはり近代以降、産業革命以降であると言ってよいであろう。

明治の日本は「富国強兵」「殖産興業」を国家の目標に掲げた。「兵を強くし、国を豊かにする」「産業を興し、生産を増やす」――そうすることで、欧米に追いつき、帝国主義の列強に加わろうとした。その中で、三井、三菱、住友や日立、古河などの財閥は国家の強力な支援のもと、重化学工業化を推し進めた。その裏で、人びとのいのちと健康、地域の環境を破壊する「公害」（「公益を害する」の意）が進行していたのである。

足尾銅山鉱毒事件のはじまり

四大公害裁判のひとつに初の大気汚染を扱った四日市ぜんそく訴訟がある。一九七二年、津地方裁判所にて原告の全面勝訴の判決が言い渡された。争点のひとつであった「予見可能性」について判決は次のように述べている。「足尾銅山などで高濃度の亜硫酸ガスによる影響や、低濃度の亜硫酸ガスの有毒性を問題にした研究がある。人の健康に悪影響がありうるとの予見可能性があった」。

この裁判の判決に影響を及ぼした足尾銅山鉱毒事件こそが日本における本格的な公害の第一号であったことは間違いない。

足尾銅山鉱毒事件とは何か。足尾銅山の発見は江戸時代の初期。一六一六年に開業し、採掘された銅は貿易や鋳銭、瓦などに利用された。明治に入り一八七七年に古河市兵衛が所有することとなるが、その直後に続々と優良な鉱脈が発見され、生産量は飛躍的に増大した。採掘された銅は、電線、銅貨、軍需品の材料として利用され、輸出品としても外貨獲得の主役となった。九三年時点では足尾銅山が全国で産出される銅の四割を占めていたといわれている。

しかし、その優良な鉱脈が発見され、生産量が飛躍的に増大した時期から、銅山の周辺に足尾銅山の鉱毒が原因と思われる被害が続くようになる。まず、工場側は薪や木材のために大量の森林を伐採する。そこを工場から有毒な亜硫酸ガスを含む煙が襲い、森林は枯れ、はげ山となる。銅山から流れ出た鉱毒水は、山間部から渡良瀬《わたらせ》川下流に流れ込み、稲や桑などの農産物は立ち枯れ、魚が大量死した。

一八九一年、地元選出の衆議院議員田中正造は、国会ではじめて鉱毒問題をとりあげ、農地の回復と銅山の操業停止、被害への対策を求めて政府の責任を追及した。農商務大臣の陸奥宗光《むつむねみつ》は、被害の原因は不明としながらも足尾銅山側に対策工事を命じた。銅山側は対策工事を行ったが、効果は全くなかった。この間、古河市兵衛は、被害民との間に示談交渉を進め、日清戦争の最中に「永久示談」を強要した。つまり、「示談金を受け取る代わりに、今後一切補償要求はしない」ことを約束させたのである。その示談金は微々たるものであったというが、地域の有力者が斡旋にあたったことや、極端な生活苦を理由に多くの被害民は示談に応じた。銅山側の対策工事により鉱毒被害がなくなることを信じていたというのもその一因であった。

この間の政府と銅山側の関係について、「農商務大臣の陸奥宗光の次男が古河市兵衛の養子になっていたので癒着があったのでは」という声は根強くあった。

その後、鉱毒被害が改善されないまま、一八九八年に渡良瀬川は大洪水となり、鉱毒被害はさらに深刻になり、当然のように反対運動はさらに激化していった。

田中正造と天皇直訴

政府が動かない状況の中、反対運動は議会の外でも行われるようになり、「押出し」という形態をとるようになる。大勢の人間で大挙して陳情・請願を行う運動である。それまで行われてきた「一揆」に似たやりかたであったが、演説会や「鉱毒秘話」などの歌が活用されたところに近代の民衆運動の特徴がある。「押出し」は何度も行われたが、政府からも銅山側からも有効な対策は行われず、被害を抑えることはできなかった。

そして、四度目の「押出し」の時に事件がおきた。一九〇〇年二月一三日に「一万二〇〇〇人」（被害者側発表）の被害民が利根川北岸の川俣にさしかかった時に、待機していた三〇〇余名の憲兵・警官隊が襲いかかった。憲兵・警官たちは「土百姓」と罵りながら、被害民に殴る・蹴るの暴行を加え、一〇〇余名の被害民が兇徒《きょうと》聚衆《しゅうしゅう》罪《ざい》で逮捕された。この事件を川俣事件という。

事件の直後、一九〇〇年三月一七日、田中正造はのちに「亡国演説」と呼ばれる議会演説を行う。演説は以下の通りである。

民を殺すは國（家）を殺すなり。法を蔑《ないがし》ろにするは國家を蔑ろにするなり。皆自ら國を毀《こぼ》つなり。財用を濫《みだ》り民を殺し法を乱して而《しこう》して亡びざる國なし。之《これ》を如何《いかん》。

（民を殺すのは国を殺すのと同じことである。法をないがしろにすることは国家をないがしろにすることと同じことである。みな自分で国を壊そうとしているのである。財を濫用し、民を殺して、亡びない国はかつてなかった。これをどのように考えるか）

この質問に対し、首相山県有朋は「質問の旨、趣その要領を得ず、よって答弁せず（質問の趣旨がわからないので回答しない）」と答えた。

田中正造は、国会での活動に見切りをつけ、衆議院議員を辞職した後、一九〇一年一二月一〇日に明治天皇に直訴するという直接行動を試みた。

谷中村廃村

田中正造の直訴により、当時の新聞はこぞって報道し世論は沸騰した。女性や宗教関係者そして学生が被害民救済運動を行った。

世論におされる形で政府はようやく動き出した。しかし、政府は「原因は洪水にある」という判断から鉱毒を沈めるための貯水池建設に動き出した。その貯水池建設予定地になったのが谷中村であった。一九〇三年、栃木県議会で谷中村買収計画が発表されると、谷中村民の多くは見舞金を得て村を去ったが、買収に応じない村民もいた。田中正造は、貯水池計画に反対し、谷中村に自宅を移した。〇七年、栃木県は土地収用法にもとづき残留した村民に立ち退きを命じ、民家を破壊した。しかし、残留村民は仮小屋を作って住み続けた。田中正造も残留民とともに抗議の姿勢を示し続けたが、一三年に七一歳で「反骨と清貧」の生涯を終えた。政府は、田中正造の死の直後に貯水池工事を強行した。死の前、田中正造は日記に次の言葉を残した。

真の文明は山を荒らさず、川を荒らさず、村を破らず、人を殺さざるべし。古来の文明を野蛮に回らず。今文明は虚偽装飾なり、私慾なり、露骨的強盗なり。

その他の戦前の公害

戦前の公害は、足尾銅山鉱毒被害だけではない。愛媛県の別子銅山は、住友財閥の拠点となった鉱山である。江戸時代から鉱毒被害を起こし問題となっていたが、明治以後はむしろ工場の煙突からの煙害が問題となっていた。煙害の抜本的解決を求められた住友家は表向きは「用地が狭くなったため」と称して四阪島《しさかじま》へ製錬所を移転させた。一九〇四年に四阪島製錬所は完成したが、煙害は解決せず、被害地はかえって広範囲に広がった。一〇年にこの問題は、国会でも取りあげられ、農商務大臣と住友との間で煙害賠償契約が結ばれることとなった。これにより、損害賠償金の支払い、生産量の制限、季節的な操業制限などが決められたが、当時としては画期的な公害対策であった。

それ以外にも、大阪府の煤煙《ばいえん》・煙害問題や福岡県の石炭鉱害問題などがあったが、工業化の流れや戦争準備態勢、臨戦態勢の中で「生産増大」が求められ、実効ある対策がとられることはなく、その解決は敗戦後に持ち越されることとなった。

「富国強兵」「殖産興業」が公害のはじまりであることを学ぶ意義

「公害」は敗戦後の高度経済成長の「負の側面」として語られることが多い。しかし、ここで見たように「富国強兵」「殖産興業」という国家目標のもと「近代化」「工業化」に邁進する明治期においてすでに公害は発生していた。公害が「利益優先のもと人命・環境を軽視する」「政府と企業による共同不法行為」という性質はその頃からすでに明らかであった。「その場しのぎの対策」「安価な見舞金」「永久示談」なども敗戦後の「公害」の歴史に通じるものがある。

しかし、田中正造という「公害」に敢然と立ち向かった人物がいたことも忘れてはならない。代議士として国会で政府を追及し、天皇に直訴して世論に訴え、最後は谷中村に居を構えて生涯を被害民とともにたたかった。以下は、田中正造が雑誌に発表した怒りの文章である。

凡《およ》そ多数人民の生命、権利、財産を奪い、多数共有の天産を奪い、これを鉱業主一個人の意のままにし、尚且《なおか》つ多くの国費を投じて加害者を保護するの国、そもそも何処《どこ》にある。

（『警世』第二二号　一九〇一年九月二五日）

〈註1〉一九五六年に公式確認された熊本県水俣市のチッソの工場排水に含まれた有機水銀を原因とする公害病。七三年、訴訟にて患者側勝訴。

〈註2〉一九六八年に公式確認された新潟県阿賀野川流域の昭和電工の工場から排出されたメチル水銀を原因とする公害病。七一年、訴訟にて患者側勝訴。

〈註3〉一九六八年、日本初の公害病と認定された富山県の神通川流域の三井金属鉱業神岡鉱業所からの工場排水に含まれるカドミウムを原因とする公害病。七一年、訴訟にて患者側勝訴。

〈註4〉一九六〇年前後に三重県四日市市周辺でおきた三菱油化等石油化学コンビナートから排出される煙による大気汚染による公害病。七二年、訴訟にて患者側勝訴。


【学びを深めるために】

- 小田康徳編『公害・環境問題史を学ぶ人のために』世界思想社、二〇〇八年
- 由井正臣・小松裕編『田中正造文集（一）（二）』岩波文庫、（一）二〇〇四年、（二）二〇〇五年
- 小松裕『日本の歴史14「いのち」と帝国日本』小学館、二〇〇九年
- 安藤聡彦・林美帆・丹野春香『公害スタディーズ』ころから、二〇二一年

column 公害は終わっていない

公害の教訓

「富国強兵・殖産興業は公害のはじまり」で触れた公害は、第二次世界大戦後にさらに深刻化した。時期としては、高度経済成長期に重なる。「豊かな生活」を追い求めて急激な成長を遂げる中、同時に人の命と尊厳を奪う事態が進行していたのである。

前述した四大公害（水俣病、新潟水俣病、イタイイタイ病、四日市ぜんそく）以外にもカネミ油症（一九六八年確認。米ぬかから食用油を製造する過程で、有毒物質〈ＰＣＢ〉が混入することによって生じた健康被害）、薬害スモン（薬品である整腸剤キノホルムの副作用により足の麻痺、視力や自律神経の障害を引き起こす）、三井三池炭じん爆発（炭鉱における採炭・運搬の過程で生じる石炭の粉が空気中に一定の濃度で舞い上がったところに火がつき、爆発と一酸化炭素中毒を引き起こした）など、人間の手によって引き起こされる公害は多種多様な被害をもたらした。

四大公害裁判に代表される多くの訴訟で原告（患者側）が勝訴する中、政府も一九六七年、公害対策基本法を制定、七一年には環境庁（二〇〇一年に環境省）が設置され、本格的な対策に取り組むようになった。

しかし、公害は終わっていない。なぜなら、公害病の患者は現在もその被害に苦しんでいるからである。水俣病患者については、今世紀に入ってからも認定患者は増え続けている。そして、新たな公害と言える環境問題（後述）が進行しているからである。

これまでの公害を教訓とするためには以下の二つの視点が重要である。

①公害発生のメカニズム

公害がなぜ起きたのかというメカニズムがわからないと再発を防ぐことができない。有毒な有機水銀やカドミウム、煤煙等がどのような過程で工場から排出され、人体に影響を及ぼしたのか。科学者、専門家による検証が重要になってくる。日本で発生した公害と同じ被害は海外でも発生している。日本における検証データは海外の公害防止にも当然役に立つ。

利益優先のあまり、人間の生命と暮らしを蝕む被害を生んでいないか。そのメカニズムには今後も細心の注意が必要である。

②なぜ被害は継続したのか

公害が確認されてから被害者の救済に至るまでに時間がかかるのはなぜか。例えば、水俣病は一九五六年に公式確認されるが、政府が公害病と認定したのは六八年である。翌年、訴訟が提起され、被告企業チッソの責任を認めた熊本地裁判決が出たのが七三年、国や県の責任が認められた関西訴訟が二〇〇四年、行政によって認定されていなかった患者を認定したいわゆる「ノーモア・ミナマタ第二次訴訟」判決は二〇二三年であった。当然、この間に救済されることなく亡くなった患者も大勢存在する。

時間がかかる理由のひとつに加害企業の姿勢がある。水俣病の場合、一九五九年七月に熊本大学が「水俣病の原因はチッソによる有機水銀であろう」と発表した後も加害企業チッソはその責任を否定した。しかし、同年一二月チッソは患者側に対し、「チッソの責任を明らかにしない」ことを前提に「見舞金」を渡すことで決着をつけようとした。その契約書には「将来、水俣病がチッソの工場排水に原因があるとわかっても、患者は新たな補償金の要求はしない」ことが書かれてあった。水俣市もこの契約を支持していた。「口止め料」と言われてもしようがないこの見舞金契約はのちに裁判で「公序良俗に反する」と指摘され無効となる。「患者の救済」より「企業の被害を最小限に」との判断が批判されたのである。

被害継続の背景には、「地域住民と企業」の関係も大きいとみられた。水俣市はまさにチッソの「企業城下町」であった。チッソを訴えチッソとたたかう患者たちと、チッソの従業員であったりチッソとつながりの深い周囲の住民との間には溝ができた。それゆえ、患者と名乗り出るのを控えたり訴訟に加わるのを躊躇した患者たちもいた。また、「チッソを批判するようなことを証言したら、私たちはここに住めなくなります」と裁判による証言を拒む住民もいた。

国や県の責任も大きい。二〇〇四年の関西訴訟において、国は水質二法（水質保全法、工場排水規制法）によって工場排水を止める義務があったと認定し、熊本県は漁業調整規則に基づいて工場排水を止める義務があったがそれを怠ったと判断した。公害の被害の継続に国や県が大きな責任を負うのは当然であろう。

公害とたたかった人びと

公害とたたかったのは、もちろん被害を受けていた患者たちであった。デモや座り込み、交渉や訴訟等を通して患者たちは粘り強くたたかい、世論にも訴えていった。そして、患者たちをささえた人びとも大勢いた。

まず、公害は健康被害という側面から患者に寄り添う医師の存在が大きかった。水俣病においては、原田正純《まさずみ》医師、イタイイタイ病においては萩野《はぎの》昇《のぼる》医師が重要な役割を担った。宇井純《ういじゅん》は科学者の立場から『公害原論』（亜紀書房、一九七一年）により公害を告発した。訴訟においては、イタイイタイ病の島林《しまばやし》樹《たつる》のような献身的な弁護士の姿もあった。また、ユージン・スミスや桑原史成《くわばらしせい》の写真は、世界に水俣病の悲劇を衝撃的に伝え、作家石牟礼道子《いしむれみちこ》は文学の世界で水俣病を描いた。教育の世界では、熊本県の教師田中裕一《ゆういち》が「水俣病の授業」で子どもたちにその実態を伝えた。

環境問題という名の公害

「公害」の定義は「事業活動その他の人の活動に伴って生ずる相当範囲にわたる大気の汚染、水質の汚濁、土壌の汚染、騒音、振動、地盤の沈下及び悪臭によって、人の健康又は生活環境に係る被害が生ずること」（「環境基本法」第二条三項、一九九三年）である。現在、それが皆無であるかというとそうではない。自動車の排気ガスや土壌・地下水汚染、廃棄物問題がそれにあたると考えてよい。

「人間がもたらす環境破壊」と考えれば「地球温暖化」を想起する人も多いであろう。「原子力発電所」事故による人命・環境への甚大な被害も同様である。ベトナム戦争における枯れ葉剤使用における被害やイラク戦争における劣化ウラン弾の使用もそれにあたる。「戦争は最大の環境破壊」であることは言うまでもない。

「公害」は日本にしか存在しない言葉だと言われる。しかし、この「公害の教訓」に学ぶことが現在の「環境問題」を考えることにつながることは間違いない。

【学びを深めるために】

- 小田康徳編『公害・環境問題史を学ぶ人のために』世界思想社、二〇〇八年
- 政野淳子『四大公害病』中公新書、二〇一三年
- 安藤聡彦・林美帆・丹野春香『公害スタディーズ』ころから、二〇二一年

18　ハンセン病問題から何を考えたらよいのか

ハンセン病の歴史

ハンセン病は慢性の感染症である。長らく「らい病」と呼ばれていたが、今はライ菌を発見した学者ハンセンの名を冠してハンセン病と呼ばれることが普通である。感染症ではあるが、きわめて伝染性の弱い病気である。皮膚と感覚神経が冒されるので、皮膚や顔の変形という後遺症が残ることが多く、その姿から周囲の人びとから「業病《ごうびょう》」「天刑病《てんけいびょう》」と忌《い》み嫌われていた。

ジブリの映画「もののけ姫」に包帯で巻かれたハンセン病患者が登場する。患者の長と思われる人物が、たたら場の主エボシについて「この人だけがわしらのことを人間として扱ってくれた」と主人公アシタカに告げるシーンがある。いかに厳しい偏見・差別にさらされていたかがわかる。

しかし、前近代においては、病理学的には遺伝病と理解され、感染するとは思われていなかったため、偏見・差別を恐れて放浪する者も多かったが、群馬県草津のように患者が集落を形成して定住することも珍しくなかった。

国辱としての「癩予防ニ関スル件」（一九〇七年）

一九〇七年、内務省により「癩予防ニ関スル件」が制定されたことによりハンセン病患者たちの境遇は一変する。「浮浪・徘徊する患者を療養所に収容する」という法律である。この法律の制定目的は、表面上「患者の収容・保護」となっているが、議会の提案理由からは違う目的があることがわかる。

ひとことで言うと「ハンセン病患者の存在は一等国として恥である」ということである。一九〇五年、日露戦争に勝利した日本政府は、列強のひとつ「一等国」としての自覚を深めつつあった。ちょうどその頃（日清戦争後）は、外国人が居留地を離れて国内を自由に往き来できるようになっていた時期とも重なっていた。そのような状況の時に、欧米ではほぼ皆無に近い状態となっていたハンセン病患者が日本国内各地にいるのを見られるのは恥ずかしいことであると政府（内務省）は考えていた。ハンセン病患者が存在することは「国の恥」と考えることから「国辱」と表現されることが多い。

この時点より、いわゆる療養所に収容する隔離政策が始まることになる。しかし、この時点では収容対象はいわゆる「徘徊・放浪」する患者たちが中心であり、目標とされた収容人数も二〇〇〇人と限られており、療養所も五カ所に絞られていたのが実態であった。

「(旧)らい予防法」による強制隔離政策と「無らい県運動」

日本の国際的地位が向上するにつれて、ハンセン病患者たちの境遇は悪化の一途をたどる。一九三〇年に内務省は「癩の根絶策」という方針を立てる。そこにはこう書かれてあった。「らいを根絶しないようでは、いまだ真の文明国の域に達したとはいえない」「らいを根絶する方策は唯一つである。らい患者をことごとく隔離して療養を加えればそれでよい。外《ほか》に方法はない」

そして、翌三一年その方針に基づき「(旧)らい予防法」が制定される。現在にも至るハンセン病患者への強烈な偏見・差別・迫害をもたらした悪法である。

この「(旧)らい予防法」に基づいて全国的に行われたのが「無らい県運動」である。文字通り「自分たちの県(地域)かららい患者を無くそう」という運動であり、法律制定に先立つ一九二九年、愛知県で起きた民間運動がその発端とされる。この民間運動を政府は最大限に利用したといってよい。三六年には厚生省から都道府県知事に次のような指示が出された。「らいの予防は、少なくとも隔離で達成できるのだから、患者の収容こそ最大の急務だ。患者収容を完全にするためには、無らい県運動が必要だと考える」。

まず、医師の診断や学校における健康診断で病気であることがわかると、役所・保健所に連絡がいき、強制的な入所勧奨が行われる。入所後には、患者の自宅等が防護服を着用した保健所職員により徹底的に消毒されることになる。その様子は、それを見た者にハンセン病は「強烈な伝染力を持つ恐ろしい病気」であり、ハンセン病患者は「一刻も早く隔離しなければいけない危険な存在」と思わせるものであり、その後現在にも続く「偏見・差別」の原点となっているのは間違いない。

その様子は、ハンセン病療養所である長島愛生園（岡山県）の医師小川正子の著書でベストセラーとなった『小島の春』（長崎出版、一九三八年）で紹介されているが、この『小島の春』は一九四〇年に豊田四郎監督により映画化されている。映画には、患者の子どもが「仲間はずれ」にされる様子、患者が強制的な入所勧奨を受ける様子、患者が家族と離れて療養所に向かう様子、それを遠巻きにみる村人の様子が描かれている。無らい県運動を進めるための国策映画であるが、決して療養所に向かう患者を「明るく希望に満ちた」姿には描いていない。

ちなみに、一九二三年にストラスブルグ（現・フランスのストラスブール）で開かれた「国際らい会議」では次のような決議が行われた。「らいのまん延が甚だしくない国では、病院や住居での隔離はなるべく承諾のうえで実行する方法をとる、隔離する場合も人道的にする、十分な治療を受けられる限りは患者を家庭に近い場所におく、貧困者、住居不定の者、浮浪者などは隔離して十分な治療を施す」。日本でのやりかたがいかに国際基準とかけ離れているかがわかるはずである。

「（新）らい予防法」と療養所の生活

第二次世界大戦が敗戦という結果に終わり、「基本的人権の尊重」を柱に掲げる日本国憲法が一九四七年に施行されたが、ハンセン病患者たちの基本的人権は奪われたままであった。厚生省は、四七年に「無癩方策実施に関する件」を各都道府県知事に通知し、「民論を高めて一般の協力を求めること、徹底的に実施してハンセン病患者のいない国を目指すこと」を方針とし、療養所の管理強化、帰郷患者の療養所への復帰、未収容患者の入所、療養所の病床の増加、一斉検診の実施などを指示した。その後四九年、全国療養所所長会議において「無らい県運動」の継続と、療養所の増床、一斉検診の実施が決定され、ついに五三年、国会で「(新)らい予防法」が制定された。

療養所内で、どのような人権侵害が行われていたかを列挙する。

- 自由に外出できない。無断外出には刑事罰も適用された。
- 家族に迷惑がかからないように「園名」(園に入るとつけられる、本名とは違う別な名前)へと名前を変えさせられる。(強制ではない)
- 患者に作業をさせる。治療、看護から給食、配食、清掃、理髪、火葬など生活全般に及ぶ。
- 療養所の所長に対して「懲戒検束権」が与えられ、「風紀を乱した」「職員の指揮命令に服従しなかった」の理由で、譴責《けんせき》、謹慎、減食、監禁などの処分をすることができる。
- 罪を犯したとされた者は、重監房と呼ばれる療養所内の特別な監獄に入れられ、後に憲法違反とされた所内の特別法廷で裁かれた。

そして、何と言っても「優生手術」を忘れてはならない。結婚する時の条件が「子どもをもうけない」ことであった。結婚する時は男性は「優生手術」（断種）を求められ、もし、妊娠した場合は女性の「人工妊娠中絶」が実施された。患者を療養所内に閉じ込め、子孫を残さないようにする「患者絶滅政策」であったとも言える。

「（新）らい予防法」廃止のたたかいとハンセン病訴訟

日本国憲法が施行されたことによる人権意識の高まりとハンセン病特効薬であるプロミンの登場により、患者たちは「強制収容反対」「退園の法文化」「懲戒検束規定の廃止」を求めて法改正運動を起こした。新法案が明らかになり「旧法と大して変わらない」ことが明らかになると、ハンガーストキや座り込みなどの行動を起こし、その運動は「予防法闘争」と呼ばれた。一九六三年には「療養所内の処遇改善要求」を主とする大規模な新法改正運動へと発展し国会議員も動いたが新法改正には結びつかなかった。

一九九四年、厚生省医務局国立療養所課長となった大谷藤郎は、「らい予防法は、国際的にみて学問的根拠を失っている」と考えた。そして、らい予防法を廃止し、入所者には今までどおりの処遇を保障するという大谷見解が出されてから事態は一変した。

一九九六年、菅直人厚生大臣は、「予防法見直しが遅れたこと」をハンセン病患者に謝罪し、同年四月「らい予防法廃止に関する法律」が成立し、「（新）らい予防法」は廃止された。その後、鹿児島県鹿屋《かのや》市の星塚敬愛園を退所した元患者である島比呂志の九州弁護士会連合会への手紙をきっかけに

「らい予防法を廃止しなかった責任」を国に問う裁判が開始され、二〇〇一年熊本地裁において原告勝訴の判決を勝ち取り、国は控訴を断念し裁判は終結した。長い長いたたかいはひとまずそこでひと区切りを終えたことになった。

ハンセン病問題から何を考えたらよいのか

熊本地裁判決でハンセン病問題が解決したわけではなかった。

二〇〇三年、熊本のホテルが療養所入所者の宿泊を拒否する事件が起きた。行政側を含めた多くの非難を受けたホテル側が一転して謝罪の姿勢を見せたが、入所者側はホテル側の反省・対応が不十分として謝罪を拒否した。

ところが、その時点から逆に入所者に対する「謙虚になれ」「身の程を知れ」「立場をわきまえよ」といった誹謗・中傷が殺到する事態となり、「偏見・差別」の根深さを露呈させた。その後、ハンセン病患者の家族に対する「偏見・差別・迫害」を争点とするいわゆる「家族訴訟」も提訴された。身内にハンセン病患者がいることにより、家族の絆は壊され、結婚の機会を奪われ、友人を失い、稼ぎ手を失った者たちの生活は困窮をきわめた。入所者たちの家族も被害者だったのである。二〇一九年「家族訴訟」も結審し、原告勝訴となった。

私たちは、これまでハンセン病問題についてどれだけのことをわかっていたのか。多くの事実が入所者とともに療養所の中に閉じ込められたままだったのではないか。熊本での宿泊拒否事件に端を発した「偏見・差別」にもとづく誹謗・中傷に心底怒りを感じることができるのか。入所者の家族の苦しみを自分事として考えることができるのか。

ハンセン病問題の教訓を「風化」させてはならない。

【学びを深めるために】

▪藤野豊『「いのち」の近代史―「民族浄化」の名のもとに迫害されたハンセン病患者』かもがわ出版、二〇〇一年

▪成田稔『日本の癩（らい）対策から何を学ぶか』明石書店、二〇〇九年

▪熊本日日新聞社編『検証・ハンセン病史』河出書房新社、二〇〇四年

▪黒坂愛衣『ハンセン病家族たちの物語』世織書房、二〇一五年

19　政治参加を求めた女性たち

女性を排除した明治政府

明治政府は中央主権国家をつくるために、学制、徴兵制、地租改正とあい次いで改革を行っていった。藩閥に牛耳られた明治政府に対して、一八七四年佐賀の乱、七六年萩の乱・秋月の乱、七七年には西郷隆盛率いる西南戦争が起きた。しかしいずれも政府軍に鎮圧され、板垣退助らは言論による自由民権運動を目指した。

この自由民権運動に身を投じた女性がいた。高知の「民権ばあさん」と呼ばれる楠瀬喜多《くすのせきた》だ。土佐藩士だった夫と死別した喜多は戸主となり、地元の選挙に行ったが選挙権がないと断られた。喜多は「戸主として男性と同様に税を納めているのに、女性だからといって、選挙権がないのはおかしい」と訴えた。自由民権運動の中心的存在だった植木枝盛も『土陽新聞』誌上で女性の権利や女性参政権の必要性を展開していたため、一八八〇年、土佐国土佐郡上町町議会は全国に先駆け女性参政権を認めた。その頃、京都では岸田俊子が全国の政談演説会で男女同権論を主張し遊説、岸田に影響を受けた福田英子も女子懇談会を結成し民権運動を始めた。

ところが、明治政府は政治の場において男性と女性の間に大きな壁を作った。

一八八九年「衆議院議員選挙法」で直接国税一五円以上を納める二五歳以上の男子には選挙権が、直接国税一五円以上を納める三〇歳以上の男子には被選挙権が与えられ、九〇年七月には第一回衆議院議員選挙が行われた。

そして、一八九〇年の「集会及び政社法」、一九〇〇年の「治安警察法」によって、女性は政治活動の自由を全面的に奪われた。そこには明確に女性の排除規定が盛り込まれていたのだ。「第五条第一項　左に掲ぐる者は政事上の結社に加入することを得ず」として、現役・召集中の軍人、警察官、宗教師、教員学生生徒、未成年者、公権剥奪中・停止中の者と共に女子と書かれている。第二項には、「女子及び未成年者は公衆を会同する政談集会に会堂し若《も》しくは其の発起人たることを得ず」とある。女性は選挙権だけでなく、政治集会に参加することも認められなくなった。

さらに、一八九八年施行の民法において、女性は戸主を一家の中心とする考え方である家父長制としての家に縛り付けられ、一個の人間としての自由や尊厳を認められることもなく、男性にある権利もなかった。女性は結婚すると法律上無能力者とされ、一定の重要な法律行為をするには、夫の許可を得なければならなかった。また、遺産相続においても直系の子どもがいるかぎり、妻は遺産相続をすることができなかった。職業についても、高等文官試験など試験によってキャリアを獲得していく機会も与えられず、一九三六年に弁護士法が改正されるまで、女性が弁護士や裁判官などの法曹になることもできず、女性が弁護士になったのは、一九四〇年のことだった。教育においても女子の高等女学校は男子中学校と同等であり、帝国大学をはじめ多くの高等教育機関への道もほとんどが閉ざされていた。女性たちは近代において、教育やそこからつながる職業などから排除されていたと言える。

「原始女性は太陽であった」――平塚らいてう

平塚らいてう（本名は明）は一八八六年東京都千代田区に生まれた。父定二郎は明治政府の官吏で後に会計検査院次長にもなった人物であり、らいてうは裕福な家庭の子女だった。東京女子高等師範学校附属高等女学校（通称お茶の水高女）の良妻賢母教育に飽き足らなかったらいてうはお茶の水高女の専攻科へ進まずに、一九〇三年に成瀬仁蔵が創立した日本最初の女子高等教育機関（専門学校）であった日本女子大学に入学した。

当時求められていた良妻賢母教育とは、天皇を頂点とした疑似家族国家を構成する家制度のもと、国家や家族のための自己犠牲は何よりも尊く、女性が良き妻として夫に従い、賢い母として国家に尽くす子どもを育てることを至上の役割とした。まさに教育勅語の精神と一体であり、国家に忠良なる国民を育てる国家主義の教育だった。

日本女子大学に入学した女学生の中には、成瀬の「人として、婦人として、国民として」の教育に心酔して入学する学生も多かった。らいてうもそうだ。しかし、成瀬も良妻賢母教育を否定したわけではなかった。日露戦争の時には、日本女子大学は全学を上げて巻き綳帯作りや慰問袋作りを行い、献金もしている。すでに与謝野晶子ら明星《みょうじょう》派の文学は大学で禁止になっていたので、「君死にたまふことなかれ」も話題にものぼらなかったとらいてうは書いている。

らいてうは一九一一年、雑誌『青鞜』の発刊を決意をする。発刊の前年には大逆事件があり、言論や思想が抑圧される「冬の時代」にあった。その中で『青鞜』が生まれたということは特筆に値する。創刊号には一一人の女性の詩や小説、短歌、俳句、戯曲などが掲載されている。らいてうは、「青鞜発刊に際して」として「原始女性は太陽であった」を書いた。

元始、女性は実に太陽であつた。真正の人であつた。今、女性は月である。他に依つて生き、他の光によつて輝く、病人のやうな蒼白い顔の月である。

そして、与謝野晶子の詩「そぞろごと」が巻頭を飾ることになった。

山の動く日來たる。
かく云へども人われを信ぜじ。
山は姑《しば》く眠りしのみ。
その昔に於て
山は皆火に燃えて動きしものを。

されど、そは信ぜずともよし。
人よ、ああ、唯これを信ぜよ。
すべて眠りし女《おなご》今ぞ目覺めて動くなる。

一九一一年九月一日発刊。表紙は横顔の女性立像を長沼智恵子が描いた。一三四頁、定価二五銭、発行部数一〇〇〇部でスタートした『青鞜』は、社員も順調に増えていった。その中には、後にらいてうの跡を受けて編集長になり、関東大震災時に大杉栄とともに虐殺される伊藤野枝もいた。一方、「新しい女」という代名詞を与えられたらいてうたちには容赦ないバッシングが浴びせられた。

一九一四年正月から奥村博史との法的手続きによらない共同生活をはじめたらいてうは新しい生活の中で、家事・編集・執筆・金策に疲弊していた。同年八月二三日、第一次世界大戦で日本がドイツに宣戦布告。巷の雑誌には「婦人の覚悟」、「愛国婦人会の活動」など戦争協力の記事が並び、戦時一色へと強まっていく中で、『青鞜』のような雑誌は振り向かれなくなっていった。『青鞜』は一九一四年九月に初めての休刊、一〇月にはなんとか三周年記念号を発行するが、らいてうの編集によるものはこれが最後となり、伊藤野枝に受け継がれた。

らいてうは一九一八年、一人の女性に出会う。市川房枝だった。

「婦選」なくして「普選」なし

市川房枝は、一八九三年、愛知県一宮市の中産農家に生まれた。父藤九郎は男女の分け隔てなく子どもらには「みんな勉強せよ。自分が一生懸命働いて、行きたい学校にやってやる」と言い、長兄はアメリカに留学し、二女も奈良高等師範学校、四女も淑徳女学校を出ていた。市川は一時期東京の女子学院に在籍したが、キリスト教主義の校風になじめず、一九〇九年に岡崎の第二師範学校に入り、卒業している。市川が第二師範学校で過ごした頃の日本社会は、日本が韓国を植民地にし、大逆事件が起きていた。そして一一年にらいてうが『青鞜』を発刊した。『青鞜』を読んだ市川は「面白いとは思わなかった」と述べている。市川が決して「新しい女」に批判的だったわけではなく、彼女自身も教員における男女の不平等をいやというほど実感し、新たな道を模索していた。

四年で教員生活をやめた市川は一九一八年、東京に出て、事務員や家庭教師などの職を転々としながら、社会主義者の大山郁夫や日本初の労働組合である友愛会の創設者の鈴木文治らと出会い、交流した。アメリカ在住の長兄から社会学・哲学・医学を学んだ山田嘉吉を紹介され、嘉吉が四谷の自宅で開いていた英仏露の語学塾に通うようになるなど、貧しいながらも活発に大正デモクラシーの空気を吸収していった。大杉栄や伊藤野枝も通っていた山田塾で紹介されたのがらいてうだった。らいてう三二歳、市川二五歳だった。しかし、この時は共に一つの目標に向かって協働していくことになろうとは互いに思ってもいなかったようだ。

この頃、工場で働く女性は増加の一途をたどり、女性労働者の深夜労働、産前産後休暇の導入などの問題が起きていた。市川は、婦人労働者大会を東京都墨田区の業平小学校の体育館で開き、東京モスリン工場（紡績工場）の女工などが自らの労働の状況を訴えた。市川のこういった姿を見て、「婦人の地位向上を図る運動を起こしたいので、手伝ってほしい」と声をかけてきたのがらいてうだった。らいてうは『青鞜』から離れ、関心は女性による社会変革へと移っていた。この誘いに、女性の地位向上の運動をしようと考えていた市川も快諾した。

活動の柱は二つ。ひとつは、前述の女性の政治参加を禁じた治安警察法第五条の改正、もうひとつは花柳病（性病の一種。当時は芸者や娼妓の社会をさす花柳界で感染したため）男子の結婚制限だった。いずれも署名を集めて議会に請願として提出することにした。

一九一九年、「新婦人協会」は誕生した。平塚の日本女子大学の後輩で、後に消費者運動を展開する奥むめおも誘った。らいてうの知名度もあって、新聞が大きく報道したおかげで、左右を問わず賛同人が集まった。しかし、それだけでは今のようなインターネットもなかった時代に請願を広げるには限界があった。らいてう、市川、奥の三人は、衆議院、参議院双方宛ての請願用紙を印刷し、全国の女性団体をはじめ、つてを頼れるところはすべてに手書きで郵送物を発送した。

保守派からは「女性に政治活動を許すことは、国体に反する」と批判される一方、女性からも批判の矢が飛んできた。日本初の社会主義女性団体赤瀾会の山川菊栄は、「社会主義国家を成立させれば、男女の機会均等は実現するはずである。政治信条の右も左もなく議員らに働きかけるのは無節操であり、思想が幼稚である上に方法が醜悪だ」と酷評した。しかし、市川は山川の説を認めながらも現実主義路線を崩さなかった。

協会の台所は火の車だった。らいてうは私生活でも働かぬ夫のために収入が途絶えがちになり、田端の家屋敷を手放すことになった。市川も経済的に追い詰められ、兄の家に居候せざるを得なくなっていた。現実主義者の市川と理論派のらいてうの確執が徐々に深まり、二人とも協会の仕事から身を引くことになった。

一九二二年三月、彼女たちが願った治安警察法第五条第二項が改正された。これによって女性が政談・演説会に参加し、発起人になることが認められた。らいてうは協会を解散、以後しばらく社会活動から離れた。

市川は一九二一年渡米、帰国後はＩＬＯ（国際労働機関）の職員として労働問題に携わっていたが、やはり彼女がやりたいことは労働運動ではなく女性運動だった。二四年に「婦人参政権獲得期成同盟」を結成した市川は、三つの目標を掲げた。
①治安警察法を改正し、婦人も政治結社に参加できるようにすること。
②市制、町村制を改正して、婦人たちにも公民権を与えること。
③衆議院議員選挙法を改正して、婦人にも男子と同様の選挙権、被選挙権を与えること。
一九二八年男子普通選挙が実施された。市川らにとっては「普選」は男子だけの特別選挙でしかなかった。婦人参政権が実現しない限り本当の意味での普通選挙は実現しないと、市川らは婦人参政権を「婦選」と名づけて、『婦選』なくして『普選』なし」というスローガンで運動を展開していった。看板も「婦選獲得同盟」に変えた。「婦選」に賛同する国会議員を増やすため、「婦選」に積極的な立

候補者の応援に駆け付ける戦術で、大衆にアピールした。三〇年には第一回全日本婦選大会が日本青年会館で六〇〇人の参加者で成功し、翌三一年には政府から制限付きの婦人公民権案が出されるまでになった。これは貴族院で否決となったものの、「婦選」への道は着実にジグザグしながらも前進していたことの証だ。しかし、その勢いは戦争によって大きくくじかれることになった。

男女平等の実現をめざしつづける

市川は戦時中、戦争反対を貫いて獄中生活を覚悟すべきか、運動から全く撤退すべきか、現状を肯定して戦争に協力することで「婦選」の灯をともし続けるかで悩んだ。軍部の台頭の下で市川は国家の非常時に婦人がその力を発揮し実績を上げることが「婦選」の目的を達することになると主張して、「哀しみ、苦しみを噛みしめて、婦人の護るべき部署に就こう」と呼びかけた。市川は戦争協力の道を選んだのである。敗戦後、このことがＧＨＱに咎められ、一九四七年三月二四日公職追放にあっている（一九五〇年一〇月まで）。

敗戦の三カ月後の一九四五年一一月、臨時国会で女性参政権が実現し、翌四六年四月、初めての女性参政権の行使のもとで三九人の女性議員が誕生した。婦選の実現は、敗戦によってＧＨＱからプレゼントのようにして与えられものではない。三〇年にわたって市川をはじめとする女性たちが行ってきた婦選獲得運動の賜物なのだ。

市川は公職追放が解除になった後、多くの人びとの後押しで無党派の議員として一九五三年に参議院議員になった。通算六回の参議院選挙をたたかい、一九八〇年八七歳で、全国一位の得票数を得て当選。金権政治を徹底的に批判し、男女平等の実現に尽くし、清貧そのものの生活を貫き、八一年、八七歳で亡くなった。

女性たちの政治参加の歴史を知らなければならないのはなぜだろう

一九七五年、国際婦人年世界会議と「国連婦人の一〇年」を画期に、男女平等の世界的な潮流は大きく進んでいった。日本では、八五年「男女雇用機会均等法」、九九年「男女共同参画社会基本法」、二〇一五年「女性活躍推進法」が制定された。ジェンダーという言葉もいまや普通に用いられる言葉

順位	国名	値
1	アイスランド	0.912
2	ノルウェー	0.879
3	フィンランド	0.863
4	ニュージーランド	0.856
5	スウェーデン	0.815
6	ドイツ	0.815
15	英国	0.792
30	カナダ	0.770
40	フランス	0.756
43	アメリカ	0.748
79	イタリア	0.705
102	マレーシア	0.682
105	韓国	0.680
107	中国	0.678
124	モルディブ	0.649
125	**日本**	**0.647**
126	ヨルダン	0.646
127	インド	0.643

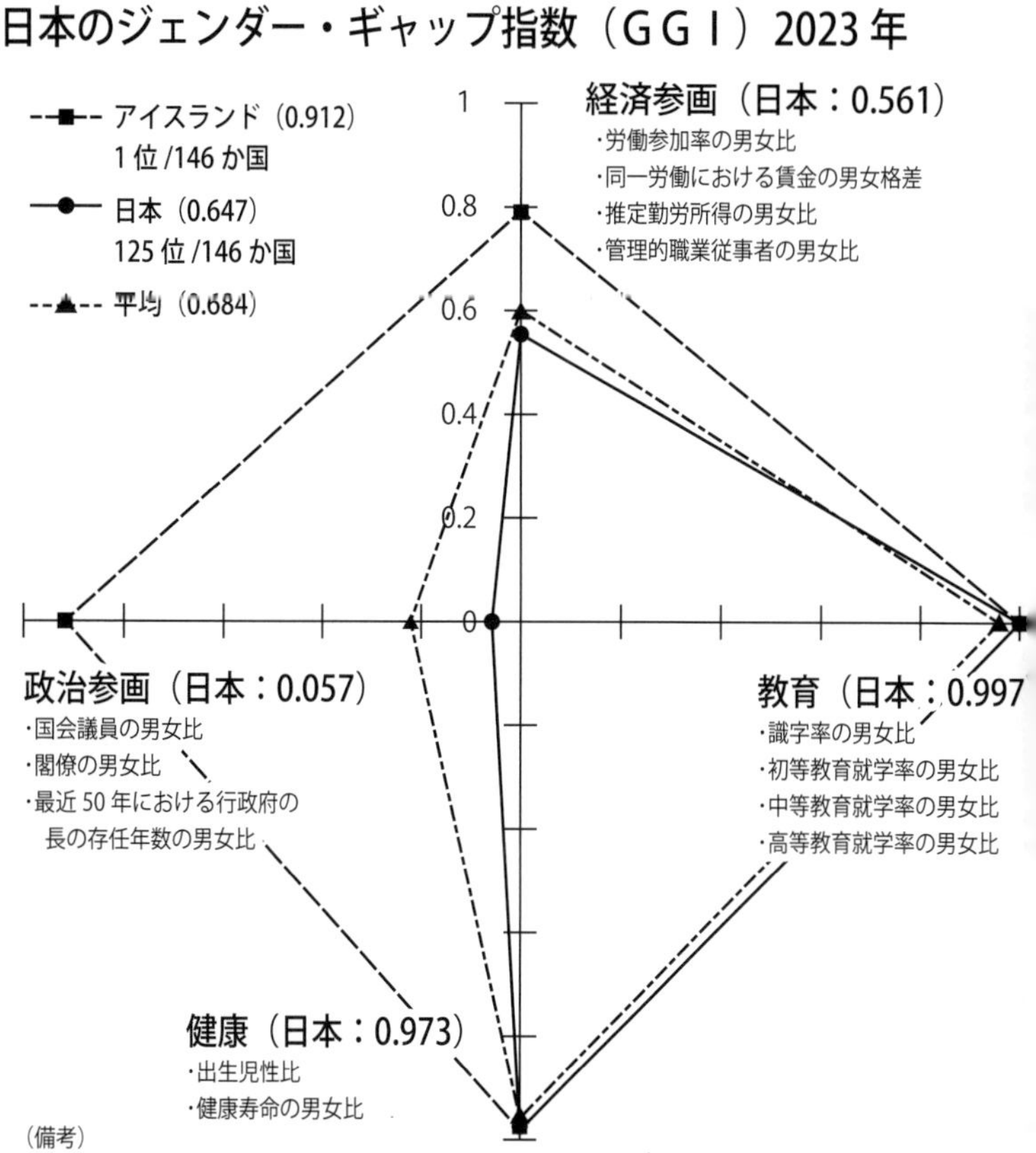

（備考）
1. 世界経済フォーラム「グローバル・ジェンダー・ギャップ報告書（2023）」より作成
2. 分野別の順位：経済（123位）、教育（47位）、健康（59位）、政治（138位）

になった。

しかし、二〇二一年衆議院議員選挙では四六五人の当選者のうち、女性は四五人にすぎない。日本に初の女性国会議員が誕生した一九四六年、衆院議員四六六人のうち女性は三九人だった時と比べても、七五年間で六人しか増えていないのだ。

これは閣僚に関しても同様だ。二〇二〇年一月一日時点で、世界の国会議員が参加する列国議会同盟（IPU）と国連のUNウィメンが発表した調査によると、日本の閣僚ポストに占める女性の割合は一五・八％と先進七カ国（G7）で最低で、一九〇カ国中一一三位。世界全体を見ると女性閣僚比率は二一・三％で、過去最高となっており、女性が閣僚の過半数を占める国は一四カ国ある。

日本における女性の政治参加は著しく低い。ジェンダーギャップ（男女格差）指数を見ても、日本の二〇二三年のジェンダーギャップ指数は〇・六四七、総合順位は一四六カ国中一二五位（前回は一一六位）で、上がるどころか下がり続けている。日本のランキングが低い理由はどこにあるのだろう。それは上記のように女性が政治に参画できていないことが大きいと言える。

日本において、本当の意味での男女平等にはまだまだ届いていない状況があることは確かだ。現実社会における男女の実態を知ること、その背景を探ること、そして男女平等を求めてきた人びとの願いや歴史的な取り組みを知ることは真の男女平等の実現のためにも必要ではないだろうか。

女性たちは明治政府によって、明らかに男性と大きな壁で隔てられ、人間がもつべき基本的人権も保障されない中で生きてきた。だからこそ、植物が水を欲しがるのと同じように、女性たちは自らの権利を獲得したいという要求を持つようになった。今の時代と違って、様々な法的な制限がある中で、彼女たちは学び、語り合い、新しい社会を目指していった。

戦時中の社会の中で戦争協力に手を貸した市川は、戦後の一九八〇年一一月に開催された国連婦人の一〇年中間日本大会の基調報告で「平和なくして平等はなく、平等なくして平和はない」と主張した。すべての人の平等が実現された国家では戦争は起こらない。男女にかかわらず、すべての人間の尊厳が守られた国家では、国境を越えた他国の人びとの尊厳も守ることができ、戦争に至ることのないように努力ができるはずだと市川は考えた。一方、いったん戦争が起これば、平等は簡単に崩れ去り、分断と差別が横行していく。市川は女性の地位の向上をめざすことは、全ての人びとの平等につながり、それこそが平和な社会を作ると考えたのだ。

女性の地位向上を求めた多くの人びとが切り拓いた道を今私たちは歩いている。この道は、最初は草が茫々とした荒野だった。そこを切り開いた人たちの歩みを学ぶことは、次に私たちが新しい道を作ることにつながるだろう。

【学びを深めるために】
- 堀場清子『青鞜の時代―平塚らいてうと新しい女たち』岩波新書、一九八八年
- 米田佐代子『平塚らいてう―近代日本のデモクラシーとジェンダー』吉川弘文館、二〇〇二年
- 進藤久美子『市川房枝と「大東亜戦争」―フェミニストは戦争をどう生きたか』法政大学出版局、二〇一四年
- 野村浩子『市川房枝、そこから続く「長い列」』亜紀書房、二〇二三年

20　核のない世界へ

三たびの被ばく――ビキニ

一九四五年八月六日、八月九日と言えば、中学生くらいならおおよそが「広島と長崎に原爆が落ちた日」と答える。私（平井）は言い直す。「米軍によって原爆が投下された日です」と。

しかし、日本人の被ばくはこれだけではなかった。

一九五四年三月一日午前六時四五分（日本時間午前三時四五分）、アメリカは西太平洋にあるマーシャル諸島のビキニ環礁でブラボー実験を行った。

アメリカが広島・長崎への原爆投下を行った理由のひとつとして、ソ連をけん制し戦後政策においてアメリカの優位を意図していたことは知られている。そのため、アメリカの核実験は幾度となく繰り返されていった。

一九四六年にはクロスロード作戦（七月一日～二五日）でビキニ環礁で原爆実験、四八年にはサンドストーン作戦（四月一四日～五月二〇日）でエニウェトク環礁で原爆実験、五二年にはアイビー作戦（一〇月三一日）でエニウェトク環礁で初の水爆実験、五四年にはキャッスル作戦（三月一日～五月三一日）でビキニ環礁で水爆実験を行っていた。そのキャッスル作戦で六回行われた水爆実験の第一回目が三月一日だった。爆心から一八〇キロ離れたロンゲラップ環礁やウトリック島の住民、一六〇キロ離れたところで操業していた第五福竜丸の乗組員の上に「死の灰」が降り注いだ。

一九五四年三月一日は、「ビキニ・デー」として、ヒロシマ・ナガサキに続く第三の被ばくの日として記憶されたのだ。

第五福竜丸の被ばく、そして他の船にも

焼津から出航したマグロ漁船第五福竜丸の乗組員たちは、三月一日の様子を証言している。

「太陽が上がるぞォー」

「馬鹿野郎、西から太陽が上がるかッ!!」

甲板上で絶叫し合う声を、船室にいた私が聞くと同時に、ドヤドヤと2、3人の船員が船内に駆け下りてきました。

「わァー、何だ、あれは……、驚いたぜ、突然西のほうが一面焼けただれたように真っ赤に

なって、ちょうど太陽が上るように明るくなったんだ。おい！　早く甲板に出てみろ、凄いぞ！」

私はその声にせきたてられて、慌ててデッキに飛び出しました。

（池田正穂・二一歳、『第五福竜丸は航海中――ビキニ水爆被災事件と被ばく漁船の60年の記録』から）

午前九時ころになると雨にまじって白い粉が降ってきた。白い粉は乗組員の頭、顔、手足、髪の毛、服にも降り積もり、目や口、鼻、耳から体内に入り込んだ。

第五福竜丸が焼津に帰航したのは三月一四日。被ばくから帰航までの間に乗組員の体に異常が起きていった。めまい、下痢、嘔吐、食欲不振、微熱、耳の痛み、歯茎の出血、顔は黒ずみ、白い粉の付着したところは火傷のようになり、髪も抜け始めた。帰航後その日のうちに乗組員二三名は地元の病院で診察を受け、重症の二人は東大付属病院に入院した。

三月一六日、「邦人漁夫、ビキニ原爆実験に遭遇」「二三名が原子病」というセンセーショナルな見出しで読売新聞は大きくスクープした。第五福竜丸が水揚げしたマグロは東京や名古屋、大阪など各地に送られていた。読売新聞の記事を機に焼津漁港から「第五福竜丸のマグロを売らないように」という連絡が入り、全国に「原子マグロ」への恐怖が走った。

マグロを捕っていたのは第五福竜丸だけではなかった。日本政府は北緯一一度から二一度、東経一五二度から一七二度の指定区域を設定、ここで操業もしくは通過した漁船の放射能検査を塩釜・東京・三崎・清水・焼津の五港で行い、汚染魚は土中に埋められるか海洋投棄された。三月から一二月までに汚染魚を廃棄した船は計八五六隻にのぼり、廃棄された汚染魚は四八五・七トンにのぼった。

第五福竜丸（写真提供：東京都立第五福竜丸展示館）

ただし、同じ船が数回にわたって廃棄したケースも含まれるため実数は約五五〇隻と推計されている。そして被災船は漁船だけにとどまらず、貨物船や商船などもあったが、全容は不明のままだ。延べ約二万人（実数約一万人）と言われる第五福竜丸以外の漁船員についても、放射能被害の実態があったにもかかわらず、調査されることもなかった。

この状況に光を当てたのが、高知県西部の幡《はた》多高校生ゼミナールの活動だった。「足もとから平和と青春を見つめよう」と地域の現代史を掘り起こす活動が一九八五年から始まった。調査を進める中で、ビキニ実験の犠牲者となったと思われる高校生の事件を知ることになった。室戸岬水産高校の三年生谷脇正康は一九五四年五月中旬、三カ月に及ぶ操業実習に参加していたが、途中で体調を壊し一人で室戸に戻ってきた。谷脇は、その後盲腸の手術をしたが、体調不良で再度入院、再生不良性貧血と診断された。第五福竜丸の乗組員と同じ症状が出、高熱や全身の痛みに苦しみながら一二月六日に亡くなった。担当した医師が「原爆症の疑いが濃い」と地元紙に語っている。

一九五四年、高知県内の約一八〇隻のマグロ漁船のうち一二〇隻がマグロを廃棄し、四月には二〇〇〇名の抗議集会が開かれたが、一二月の放射能検査打ち切りから、いつしか放射能被害の事実は埋もれ、そのことを口にすることもなくなっていった。「放射能で死んだ者など、この町にはいない」――被ばくの事実を認めさせまいとする無言の圧力があった。

幡多ゼミの高校生たちは、家々を訪ね、一人ひとりに粘り強く聞き取りをしていった。最初は口を閉ざしていた人びとも、その熱意に押されようやく口を開きだした。「被ばくしているなどとは考えとうない。しかし、昔の仲間が次々に倒れていく。自分の体もまともじゃない。不安だ」。

一つひとつの声が壁を破る力になった。室戸ではビキニ被災船員の会が結成された。幡多ゼミの調査活動は東京、焼津、沖縄、釜山、福島と広がり、今もビキニ事件の追跡調査を行っている。

原水爆禁止署名運動

一九五二年のサンフランシスコ平和条約の発効によってアメリカの報道統制が無くなり、広島・長崎で起きた原爆の惨害を国民はようやく知るようになった。平和な社会が見え始めたときに起きた、三度目の被ばくとなったビキニ事件はそんな国民に大きな恐怖と憤りを与えた。当時の日本人は食生活のたんぱく源は肉よりも魚だった。特にマグロは大衆魚として多くの人びとが食卓に載せていたものだ。命に直結する食品が放射能に侵されているかもしれないという不安は、生活を守る運動と直結した。

一九五四年五月九日、「水爆禁止署名運動杉並協議会」は「杉並アピール」として、次の三つのスローガンを掲げた。

①水爆禁止のために全国民が署名しましょう。
②世界各国の政府と国民に訴えましょう。
③人類の生命と幸福を守りましょう。

杉並署名は五月二〇日から七月一〇日までの間に二七万八七三三人、区民の七一％を集めた。全国各地でも地域の婦人団体、労働組合、平和団体、青年・学生、宗教などの様々な団体が取り組んだ。八月八日には「原水爆禁止署名全国協議会」が結成し、結成当日の署名数は四四九万あまりにのぼった。

久保山愛吉記念碑（写真提供：東京都立第五福竜丸展示館）

九月二三日、第五福竜丸の無線長だった久保山愛吉が「原水爆の犠牲者は、わたしを最後にしてほしい」という言葉を残して四〇歳で亡くなった。

一〇月二四日「久保山さん追悼原水爆禁止の集い」が開かれた時には署名は一四五六万になっていた。久保山の死に多くの人びとが原水爆禁止を心に誓ったのだ。

一九五五年、「原水爆禁止署名全国協議会」は世界大会を呼びかけ、八月六日から八日まで「原水爆禁止世界大会」が広島で開催された。全国から二五七五人、世界から一四カ国・五二人が参加。参加者は広島市公会堂に溢れた。そこには久保山愛吉の妻すずの姿もあった。世界では、七月九日に核兵器廃絶を求めた「ラッセル・アインシュタイン宣言〈註〉」が発表された。原水爆禁止署名は一年余りで三二〇〇万を超え、核兵器廃絶を求める波は全世界へと広がった。

一方、政府は一九五四年末にマグロの放射能検査中止を閣議決定し、翌五五年には、日米間の解決策として見舞金二〇〇万ドル（当時七億二〇〇〇万円）をアメリカが支払うことで政治決着がなされた。

この見舞金は損害賠償ではなく、人道的な行為で行うというものであり、今後いかなる被害が判明しても追加支払いはなく、これをもってすべて解決済みとみなすものだった。

第五福竜丸乗組員には平均二〇〇万円、久保山の遺族には五五〇万円が支払われた。退院した二三人は治ったわけではなく、その後の健康不安を抱えながらの退院だったが、この見舞金によって補償も終わったとされた。見舞金をもらったことに対するまわりの冷たい視線や怨嗟《えんさ》に耐えられなくなった乗組員の中には、焼津を離れ、船を降り、別の仕事に就く人も少なくなかった。一方、他の漁船の乗組員にはまったく補償はなかった。

核なき世界へ第五福竜丸は航海を続ける

第五福竜丸は、もともとは和歌山県串本町のコザ造船所で一九四七年に作られたカツオ漁船第七事《こと》代丸《しろまる》だった。サンフランシスコ平和条約によって遠洋での漁業が可能になったため、マグロ漁船へと改造し第五福竜丸と名づけられた。三月一日の被ばくを機に、アメリカは第五福竜丸を沈めることを要求したが、日本の科学者たちは保存を主張、政府が買い上げ東京水産大学の練習船はやぶさ丸として使われた。しかし、老朽化が進み、一九六七年三月廃船処分となり、解体業者に払い下げられ、エンジンなどは売却され、船体は夢の島に放置された。それを知った人が朝日新聞投書欄で「第五福竜丸。もう一度この船の名を告げ合おう。そして、忘れかけている私たちのあかしを取りもどそう。原爆ドームを守った私たちの力で、この船を守ろう。いま、すぐに私たちは語り合おう。このあかしを

「第五福竜丸は生きている」（揮毫・新藤兼人）の垂れ幕
（写真提供：東京都立第五福竜丸展示館）

保存する方法について。平和を願う私たちの心を一つにするきっかけとして」（『朝日新聞』一九六八年三月一〇日付）と呼びかけた。

これに美濃部亮吉・東京都知事が保存協力を表明、一九六九年七月一〇日、「第五福竜丸保存委員会」が発足、七〇年には、船名を「第五福竜丸」に戻す刻名式が行われ、七六年六月一〇日、東京都立第五福竜丸展示館が開館した。

今、第五福竜丸展示館には「第五福竜丸は生きている」という垂れ幕がかかげられている。第五福竜丸は、広島・長崎の被ばく者、多くの船の被ばく者、南太平洋で被害に遭った人びと、世界中の核実験で被ばくした兵士、たくさんの人びとの思いを乗せて、核なき世界へと航海している。

核の被害を知らなければならないのはなぜだろう

二〇一六年五月二七日、オバマ大統領が現職のアメリカ大統領として初めて広島を訪問した。その時に彼は、「七一年前、明るく、雲一つない晴れ渡った朝、死が空から降り、世界が変わってしまいました。閃光《せんこう》と炎の壁が都市を破壊し、人類が自らを破滅させる手段を手にしたことを示したのです」とスピーチの冒頭に述べた。空から降ってきた死とはまさしくアメリカによる原爆だ。勝手に空から「死」はやってくることはない。「死」をもたらしたものの正体、「自ら破壊させる手段」を使わないために、どうしたらいいのかを考えなければ、「死」は再び降ってくるだろう。「死」が再びやってこない社会を作るためにこそ、広島や長崎での原爆被害、ビキニにおける核実験の実相、福島第一原子力発電所爆発から発生した放射能汚染を知らなければならない。

ヒロシマ・ナガサキ・ビキニは大国の軍備拡張競争の中で起きた人類史上で最も悲惨な事件だ。そして、この被害はまだ終わっていない。広島・長崎の被ばく者もすべての人が救済されたわけでなく、今もそこから取りこぼされている人たちがいる。ビキニ実験の被害者もこれまで見てきたようにその事実が認められずに放置されている人の方が多いのだ。そして、それは核実験場となった南太平洋の人びとも同じと言える。

また、二〇一一年の福島原子力発電所事故における被災者もいまだに補償が十分なされず、家族が離散するなど苦しい状況を強いられている人たちは少なくない。

二〇二二年のロシアによるウクライナ侵攻、二〇二三年のイスラエルによるガザ侵攻。いずれも核兵器使用の不安を世界に与えている。だからこそ、ヒロシマ・ナガサキ・ビキニ・フクシマと四たびも核の恐ろしさを経験した私たちが、核兵器廃絶、今ある核兵器を絶対に使わないことなどを世界に発信する責任があるのではないだろうか。

二〇一七年に国連で採択された核兵器禁止条約が二〇二一年一月二二日に発効した。核兵器禁止条約とは、核兵器を「非人道的で違法」とした、史上初の条約だ。核兵器を完全に廃絶することを目指し、核兵器の開発・保有・使用・威嚇・援助などすべてを禁止している。二〇二四年一月二二日現在で署名：九三カ国・地域、批准：七〇カ国・地域にのぼっている。

しかし、核保有国や日本は批准していない。

〈註〉一九五五年七月、哲学者バートランド・ラッセルが起草し、物理学者アルバート・アインシュタインが賛同・署名したアピールでノーベル賞受賞者を含む一一名の科学者の連名で発表されたもの。過熱する核兵器開発競争と核戦争による人類の危機、核実験による地球汚染を警告した。その後の核兵器廃絶の世論や運動に影響を与え、世界の科学者による核兵器の廃絶を専門的に検討するパグウォッシュ会議が設立された。

【学びを深めるために】

- 公益財団法人第五福竜丸平和協会『第五福竜丸は航海中―ビキニ水爆被災事件と被ばく漁船の60年の記録』第五福竜丸平和協会、二〇一四年
- 丸浜江里子『原水禁署名運動の誕生』凱風社、二〇一一年（二〇二一年、「新装版」として有志舎から出版）
- 山本昭宏『原子力の精神史―〈核〉と日本の現在地』集英社新書、二〇二一年

第Ⅱ部　歴史教育と歴史学

1　学校の誕生と教科書の役割

最初、小学校は不評だった

一八七二年、明治新政府は近代国家となるため「教育による国民意識の向上」をめざして「学制」を発布した。フランスの学校教育制度を取り入れたもので、六歳以上の男女はすべて小学校に通うように定めたものであった。この学制の序文に教育の基本方針とも言える「学事奨励に関する被仰出書《おおせいだされしょ》」があるが、そこにはこう書かれてあった。「邑《むら》に不学の戸なく家に不学の人なからしめんことを期す」、つまり、「これまでは身分や性別により著しく就学上の差別があったが、これからはすべての子どもたちが就学すべきである」という宣言であった。

そして、全国に二万校あまりの小学校が設置されたが、その就学率は男子がおよそ五〇％で女子はその半分にも満たなかった。「すべての子どもたち」にはほど遠い実態であった。その理由はいくつがある。まずは「受益者負担主義」がある。つまり、「小学校にかかる費用はすべて子どもを通わせる保護者が負担する」というやりかたである。授業料、教員の人件費そして学校の建設費すべてを負担させられた保護者たちは「学校に行かせるより家の仕事を手伝わせた方がいい」と子どもの就学を拒否した。学校を壊したり教員たちを襲撃する事件も各地で起きた。

授業の内容にも問題があった。当時の教科書は西洋の書物を直接翻訳したものが多く難解であっただけでなく、子どもの生活の実態とはかけ離れたものであり、文部省の役人の中には「これだと（江戸時代の）寺小屋の方がまだ良かった」と認める者もいたほどであった。

進級のしくみにも問題があった。当時は、上級生に進級するには試験に合格する必要があった。合格しないと原級留置つまり「落第」することになり、それが重なると嫌気がさして辞める子どもが多かった。

就学率は上がったが……

事態の改善を図るために一八七九年に文部省から「教育令」が出された。この制度は、権限の多くを中央から地方に移し、修学年限も短縮したために、のちに「自由教育令」とも呼ばれた。しかし、わずか一年後の一八八〇年に「改正教育令」が出された。こちらは、「教育令」とは真逆で政府の権限を拡大し政府が教育のあらゆる面に干渉できるものであった。この背景にあったのは、全国的にみられた自由民権運動の高まりであったといわれている。

制度だけでなく、教育内容についても大きな変化があった。「西洋の進んだ知識・文明を取り入れる」という方針から「仁義忠孝を重要」とする儒教主義的な道徳を基本とする方針に転換された。一八七九年に明治天皇の名のもとに出された「教学聖旨《きょうがくせいし》」（本書二五四頁参照）を経て一八九〇年に天皇の勅令（命令）として出された「教育勅語」においてその路線は決定的となる。同じく一八九〇年、小学校令が改正された。義務教育が無償化され、進級や卒業のための試験が廃止されたため、就学率は飛躍的に向上し一九〇〇年代には九〇％を超えるようになった。

教員の養成

学校ができるとそこで教える教師の確保が重要になってくる。学制の発布とともに、東京を皮切りに八つの師範学校が設置され、一八九八年にはすべての都道府県に設置された。師範学校は学費、被服費、日用品費などが公費負担であり、全寮制による生活が義務づけられた。「順良・信愛・威重」が重要な気質とされ、厳格で融通の利かない側面については「師範タイプ」と皮肉られることも多かった。

授業については一八九一年に「小学校教則大綱」が定められ、地方長官（府県知事）が「教則」を定め、それに従い校長が教授細目を定め、さらにそれを個々の教員が「教案」をつくって具体化することが定められた。上意下達の画一的、形式的な授業が全国に広がっていった。しかし、就学率の急激な増加に対し、教員の養成はなかなか追いつかず、「教員の慢性的不足」が常に大きな課題となった。

大正自由教育

大正時代に入ると、欧米の新しい教育理論が紹介されるようになり、デモクラシー的風潮も追い風となり新しい教育運動が見られるようになった。その特徴は、それまでの画一的・機械的で教師中心の教育を批判し、子どもの個性や自発性、創造性を重視しようとするものであった。特に一部の私立学校や師範学校附属小学校などでその動きが活発化した。代表的な例を挙げると、私立学校では、沢《さわ》柳《やなぎ》政太郎《まさたろう》の成城小学校、羽仁《はに》もと子の自由学園、西村伊作《にしむらいさく》の文化学院、赤井米吉《あかいよねきち》の明星《みょうじょう》学園、小《お》原国芳《ばらくによし》の玉川学園などが個性的な教育を行い注目を集めた。師範学校附属小学校では、千葉師範学校附属小、奈良女子高等師範学校附属小などで個性的・自発的・実験的な教育が展開された。

しかし、政府・文部省はこのような動きを危険視した。一九一九年には長野県の戸倉小学校の白樺派教育〈註〉を支持する教師たちが従来の慣習を否定して新しい教育（自由教育）を進めてきたことに対し、村民が「キリスト教や社会主義」と結びつけて問題視したため、長野県知事は調査の結果二名の教諭を退職、一名の教諭を休職に追い込み、一名を転任、五名を譴責《けんせき》処分とした。一九二四年には同じく長野県の教師が「教科書を使わなかった」ことを理由に休職に追い込まれた。そして、一九二四年、岡田文部大臣が自由教育運動を「軽信妄動して新を衒《てら》い奇を弄《ろう》する」教育であると非難する訓示を出したことによりこの新教育運動は衰退に向かった。

天皇崇拝主義・軍国主義教育と教科書

「教育勅語」には次のような一節がある。

一旦緩急《いったんかんきゅう》アレハ義勇公ニ奉シ以《もっ》テ天壌無窮《てんじょうむきゅう》ノ皇恩《こうおん》ヲ扶翼《ふよく》スヘシ

（ひとたび急なこと――戦争、内乱など――が起これば、自ら進んで公のために力を尽くし、永遠に続く天皇家をお守りせよ）

すべては「天皇陛下のため」という教育になっていった。天皇の写真（御真影）と「教育勅語」の謄本が全国の小学校に配布され、学校はそれらを奉安殿に収納し礼拝することを義務づけた。皇室に関わる祭日（紀元節、天長節など）では御真影への最敬礼と万歳、「教育勅語」の奉読、国歌斉唱の実施も義務づけられた。

一九〇三年より教科書がそれまでの検定制から国定制に変更となり、国家の統制が強化された。修身の教科書には歴代の天皇とともに楠木正成《くすのきまさしげ》、吉田松陰、乃木希典《のぎまれすけ》のような尊皇家も掲載されていたが、「勤勉」や「立身」の体現者として二宮金次郎が多く引用されていた。刻苦勉励し地域振興に尽くす姿は子どもたちの手本とされ、日本全国の小学校に銅像が建立され崇拝の対象となった。

昭和に入ると天皇崇拝・軍国主義の影響はより強まっていく。『尋常小学国史』（一九三四年）の始まりは「天照大神」であるが、出だしの文章は「天皇陛下の御先祖を、天照大神と申し上げる」であった。そして、神話上の存在である神武天皇、日本武尊、神功皇后がそれぞれ一章ずつ割り当てられていた。そして最後は「国民の覚悟」として次のように書かれていた。「われら国民は、よくわが國體《こくたい》の尊さを辨《わきま》えて、朝廷に忠誠をお盡《つ》くし申し、すぐれた人びとにならって修養をつみ、りっぱな國民とならねばならない」。こうやって「皇国民」「少国民」が作りあげられていった。

北海道釧路市・湖畔小学校跡に残る奉安殿跡
（撮影：山元研二）

敗戦と墨塗り教科書

侵略と植民地拡大を進めたアジア太平洋戦争の中、天皇崇拝・軍国主義の教育はさらに強化され、一九四〇年、小学校は国民学校へと名称を変更し、「天皇のために死ぬ」ことを究極の目標とするようになっていった。子どもたちは勤労動員、学童疎開などで否応なく戦争に巻き込まれ、空襲などで命を落とす者も少なくなかった。戦局の悪化が避けられなくなった政府はポツダム宣言を受諾し、天皇崇拝・軍国主義にもとづく教育も大きな転換を迫られることになる。

敗戦後、ＧＨＱは天皇崇拝・軍国主義教育に大きな影響を与えたとして「修身」「日本歴史」「地理」の三教科の停止を命令する。その後、アジア太平洋戦争中に使用されていたほぼすべての教科書に「墨塗り」が行われた。例えば、『初等科国語』においては「兵たいごっこ」「満州の冬」「三勇士」「広瀬中佐」「水兵の母」「ハワイ海戦」などは教材そのものが削除された。『初等科地理』においては「わが南洋群島」の「わが」を削るなど満州、台湾、朝鮮など旧植民地を意味する用語はのきなみ墨塗りの対象となった。『初等科国史』においては、「神風」「大東亜戦争」などの用語に加えて「英国の横暴」「米国の暴戻《ぼうれい》」などの挿絵にも墨が塗られた。頁のほとんどが墨で塗られて「意味をなさなくなった」教材も多かった。

教育基本法成立と逆コース

一九四六年の日本国憲法施行を受けて翌四七年、教育基本法、学校教育法が制定された。大日本帝国時代の精神的支柱とされた「教育勅語」は廃止となり、「六・三・三・四」制や男女共学制、授業料無償化を柱とする「新教育」がスタートした。内容においてもこれまでの上意下達の画一的・機械的な教育からの脱皮をめざし民主主義の世の中にふさわしい「個性」「人権」「自主性」を求める教育が求められた。新しく作られた教科「社会科」の導入は、「川口プラン」（埼玉県川口市による地域を学習対象にした教育プラン。のちに教育学者となる梅根《うめね》悟《さとる》が助役として主導した）など、教科書を用いずに地域を舞台に経験主義的、問題解決主義的な学習を生むこととなった。

しかし、アメリカとソ連による「冷戦」が激化する中、「新教育」への攻撃と大日本帝国時代への回帰を意味する「逆コース」が進行する。

まず、一九五五年に国会における「うれうべき教科書の問題」により「教育を国家に取り戻すべき」という動きが加速した。また、大日本帝国時代の教育が国家の専権事項であった反省から、政府の干渉を受けないようにするために人事権や教科書選定の権利を持つ教育委員は市民の選挙によって選ばれていた（公選制）が、五七年、教育委員会法が改正され、教育委員は首長による任命制となった。そして、学習指導要領も当初（一九四七年）は「試案」であり、実際の教育内容・方法は現場の教師に裁量が与えられていたが、五八年にはその学習指導要領が法的拘束力を持つようになり、政府・文部省が教育内容に介入するようになる。検定制であった教科書にも政府・文部省が様々な検定意見を出し、執筆者に削除や修正の要求・圧力をかけるようになる。それが、のちの「教科書裁判」（本書二七二頁参照）につながっていく。

そして、一九五八年「新しい修身科」として「道徳」（最初は教科外の「道徳の時間」として設置されたが、二〇一八年小学校で、一九年中学校で評価のともなう教科「道徳」となる）が復活する。

「学校と教科書は何のためにあるのか？」を考えてみよう

大日本帝国時代、学校は「天皇のために命を捧げる国民」を作りあげる場として機能した。個性や自主性よりも従順・忠実であることが求められた。教科書はその思想を植えつけるための聖典であった。

はたして今、日本国憲法の「国民主権」「基本的人権の尊重」「平和主義」の三原則にもとづく学校となっているのだろうか？　そのための教科書になっているのだろうか？　それは、主権者である私たちが日々吟味・検討し、判断していかなければならない。

〈註〉一九一〇年に武者小路実篤らによって創刊された文学同人誌『白樺』に影響を受けた教員らによって実践された教育のことで、人道主義や児童の自発性を重視することを特徴としている。

【学びを深めるために】

- 柴田義松・斉藤利彦編『教育史』学文社、二〇〇五年
- 斉藤利彦・佐藤学編『新版　近現代教育史』学文社、二〇一六年
- 広岡義之・津田徹『はじめて学ぶ教育の制度と歴史』ミネルヴァ書房、二〇一九年
- 中村紀久二『教科書の社会史—明治維新から敗戦まで』岩波新書、一九九二年
- 堀尾輝久『天皇制国家と教育—近代日本教育思想史研究』青木書店、一九八七年

2 なぜ「歴史」を学ぶのか

「追いつけ追い越せ」から始まった

「歴史は暗記教科、覚えてなんぼ」と思っている人は今でも多い。年代や人物や歴史用語をひたすら覚えて、受験が終わると見事に忘れてしまう。文部科学省や歴史の教師に「歴史は何のために勉強するの?」と言いたくなった記憶がある人は結構多いのではないか。

江戸時代までは、まさに歴史は「暗記物」の代表であった。武士たちは藩校で「四書五経」と呼ばれた中国の古典や兵法書を暗記し諳《そら》んじることが学問であった。庶民は寺子屋で「読本《よみほん》」に登場する歴史上の英雄伝にふれる程度であった。

では、明治に入ってから学校で習う歴史はどのように変わったのか。明治新政府が採用した歴史教育は、「西洋史を中心とする外国史」であった。開国以来、文明開化を目標としていた政府は、歴史教育においても国民に「西洋に学べ」と迫ったのである。

一八七二年「学制」が発布され、全国に小学校が設立された。その年に文部省によってはじめて作られた歴史教科書で扱われていた領域は、日本が一六％、中国が一五％、残りの六九％が西洋すなわち「欧米の歴史」であった。西洋史の内訳も古代のギリシャ・ローマに始まり中世のスペイン、ポルトガル、イギリス、フランス、ドイツ、オーストリア、プロシア、それ以降もオランダ、ベルギー、スイス、デンマーク、スウェーデン、ロシア、イタリア、トルコ、アメリカなど欧米各国の歴史が簡潔に記されていた。

では、教育方法はどうであったか。ここでもやはり「暗記」が中心であった。授業方法を記した書物には「暗記して意義を解得《かいとく》せしむるを要す」と書かれてある。面白いのは、その頃も年代を「語呂合わせ」で覚えるのが流行していたことである。何とか楽しく効率的に暗記できないかと工夫しているところは今も昔も一緒ということか。

「国史教育」の登場

明治も一〇年が過ぎるようになると「西洋に学べ」という政策への反発が強くなってくる。西洋思想の影響を受けた自由民権運動がさかんになると、政府を中心とする支配層にも危機感が募るようになっていく。そこで出されたのが一八七九年、明治天皇の名によって出された教育に関する「教学聖旨」であった。

その内容は、「（近来の教育は）文明開化ノ末ニ走リ、品行ヲ破リ、風俗ヲ害《そこな》フ（西洋化が人びとの品行や風俗を乱している）」と批判し、「祖宗ノ訓典ニ基キ専《もっぱ》ラ仁義忠孝ヲ明ラカニシ道徳ノ学ハ孔子ヲ主トシテ人々誠実品行ヲ尚《たっ》トヒ（先祖代々大切にしてきた教えに従い仁義忠孝の心を忘れず、孔子＝儒教の教えを道徳の根本として誠実品行な生き方をめざす）」というものであった。

その流れは、歴史教育にも及び、それまでの西洋史中心の歴史教育から自国中心の「国史教育」への転換が図られた。さらに一八九〇年に出された「教育勅語」により教育の根本は「国体の精華」にあるとされ、天皇を中心とする儒教的道徳観にもとづく教育が強調された。それを受けて、一八九一年の「小学校教則大綱」において歴史教育の目的は「本邦国体ノ大要ヲ知ラシメテ国民タルノ志操《しそう》ヲ養フヲ以《もっ》テ要旨トス」と定められた。つまり、歴史教育の目的は「日本は天皇を中心とする国であることを理解させ、その臣民としての資質を養成すること」とされたのである。

私たちがイメージする「皇国史観」にもとづく教育はこの時から始まったと言ってよい。

「実証史学」のはじまり

歴史そのものを研究する歴史学も明治に入って大きな変貌を遂げた。幕末から明治初期にかけては『大日本史』を編纂した旧水戸藩の水戸学を中心とする尊皇愛国思想にもとづく歴史観が影響力を持っていたが、明治新政府は新しい時代にふさわしい歴史の編纂事業に着手した。その中心となったのが、薩摩藩出身で薩英戦争の際の通訳を務めすでに歴史編纂事業を経験していた重野《しげの》安繹《やすつぐ》と、佐賀藩出身で岩倉使節団に同行し『特命全権大使米欧回覧実記』を著した久米邦武《くめくにたけ》であった。二人は一八七九年から九二年まで太政官修史館において政府の歴史編纂事業に着手することになる。同時に帝国大学文科大学国史科最初の教授に就任することにもなる。

この二人がこだわったのが「実証史学」である。重野は一八八四年の講演において「民間で流布している誤った事実を含む歴史書を一掃し、正しい事実を記載した歴史書を編纂する」ことの重要性を訴えた。そして、これまで多くの人びとが「歴史上の事実」と信じてきた伝承・伝説を「事実でない」と否定する。例えば、楠木正成と息子の正行《まさつら》の「桜井の別れ」や日蓮が処刑前に奇跡が起きて助命されたという「竜の口の法難」のいずれも「事実でない」と断定した。このように多くの伝承・伝説を「事実でない」と断定していったため、重野は新聞などから「抹殺博士」の異名で呼ばれるようになる。

一方、久米も重野同様「実証史学」にこだわるが、一八九二年にのちに久米事件と呼ばれる騒動に巻き込まれる。久米は「神道は祭天の古俗である」という論文を発表した。久米は、論文の中で神道は「宗教」ではなく、原始的な「祭祀」であると説明した。しかし、当時の日本は天皇が国家神道の頂点であり、神道は「宗教」以上のものであった。それを「祭典の古俗」とされることについて神道家や保守的な立場の人びとから大きな反発が起きたのである。結局、久米は大学を去ることとなった。

一八九三年には修史事業の抜本的改革の名のもと人事が刷新された際に重野も大学を去ることになる。

国家や右派により「学問の自由」が脅かされる事件は、その後も繰り返された。二〇二〇年当時の菅首相は、日本学術会議の新会員六名の任命を拒否した。拒否された六名は、政府の方針に反対した学者と見られている。学術会議は政府に撤回を要求し、任命拒否の理由の説明を求めたが、政府は拒否している。それどころか、学術会議の組織改革を推進している。これも「学問の自由」に対する明らかな干渉であり弾圧であると指摘されている。

話をもとに戻すが、重野や久米が貫こうとした「実証史学」、つまり、「事実をもとにした歴史学」はその後も弟子たちにより東京帝国大学国史研究室の中で脈々と引き継がれていった。

歴史学と歴史教育は違う？

現在でも、「歴史学と歴史教育は違う」と述べる歴史研究者がいる。「そもそも目的が違う」というのである。つまり、「歴史学」は科学的であるべきだが、「歴史教育」は国民の育成に関わるものであるから厳密に科学的である必要はないという意味である。

実は、久米と重野が去った後、帝国大学の国史研究室に残った三上参次《みかみさんじ》も次のように述べている。「サイエンスとしての国史と国民必須の学科としての国史とは截然として区別があるべきだ」「生徒が学ぶ歴史は学問としての歴史学の成果に基づく要はなく『忠良なる臣民』の育成に有益な史実を選ぶべきだ」（「教科書に於ける南北正閏問題の由来」『太陽』〈博文館〉第一七巻五号、一九一一年）。

このように歴史学と歴史教育の乖離が起こるきっかけになったのがいわゆる「南北朝正閏論争《なんぼくちょうせいじゅんろんそう》」（一九一一年）だと言われる。きっかけは読売新聞の社説であった。社説は「もし、両朝の対立を許せば、国家はすでに分裂したことになる」という主張であった。この問題を当時の野党立憲国民党（党首・犬養毅）が第二次桂太郎内閣打倒に利用したことで大きな問題として浮上することとなった。

歴史学としては、南北朝の両立やそれぞれの正統論は認められていたが、国民に教える歴史教育としては後醍醐天皇の南朝を正統とし足利尊氏が立てた北朝を異端とすることで「国体論」に決着をつけようとした。この時、支配層では「歴史学と歴史教育は切り離してよい」という合意が図られたのである。

ここに、日本の歴史はアカデミズムとしての「歴史学」と国民教化のための「歴史教育」のダブルスタンダードが通用するようになったのである。

戦前にもあったユニークな歴史教育

大正時代は、教育の分野でも社会運動の高まりや国際的な民主化の動きを受けて、明治の画一的、強権的なやりかたを批判した新しい動きが見られた。大正自由教育運動とよばれるその動きの中にユニークな歴史教育も存在した。

その一例が文部官僚出身で東北帝国大学、京都帝国大学総長をつとめた沢柳政太郎が設立した成城学園における歴史教育である。成城小学校教諭であった上里朝秀《うえさとともひで》、仲原善忠《なかはらぜんちゅう》、内田庄次を指導者とする大正時代から昭和初期にかけての歴史教育は、学校全体で取り組んでいる自学自習を主とするダルトンプランをもとに、児童の生活する地域を対象に、児童自身が学習計画をたて、社会史、経済史、文化史、外交史など当時の歴史学の最新の学説をふまえて、研究論文発表によってしめくくるというものであった。大正自由教育運動の特徴でもある「児童中心主義」や「郷土教育」運動の影響も受けた、戦後の初期社会科にも通じる稀有な実践であった。少ないながらも全国各地にこのような歴史教育の実践が存在したことは注目に値する。

しかし、このような新教育運動の動きも「赤化教員弾圧」（一九三三年二月四日以降、長野県で行われた治安維持法違反による弾圧事件。検挙者数六〇八名中二三〇名が教員であった）、「綴方《つづりかた》教育弾圧」（一九四〇年山形県の教師村山俊太郎らが検挙された事件）などの動きの中、次第に力を失い、軍国主義・皇国史観の教育に圧倒されていった。

軍国主義、皇国史観の時代

一九三五年、美濃部達吉に対する天皇機関説批判（天皇を国家の最高機関とする美濃部の憲法学説に対して右翼・軍部の攻撃が強まり、貴族院にて菊池武夫から「叛逆思想・学匪《がくひ》」と弾劾された美濃部は貴族院議員辞職に追い込まれた）の後、政府は国体明徴声明（天皇は国家の一機関ではなく統治権の主体であることを明らかにした）を出し、歴史学も歴史教育も国体観念の容認を迫られた。

一九三七年、文部省はさらに「国体の本義」を作成して日本全国の教育関係者に配布した。私たちがイメージする戦争中の軍国主義・皇国史観にもとづく教育はこの頃完成されたといってよい。

歴史学においても平泉澄《ひらいずみきよし》のような天皇崇拝主義者が大きな発言力を持つようになり、一時期アカデミズムにおいて勢いのあったマルクス主義歴史学者も沈黙するか消極的抵抗を示すにとどまるようになる。

「歴史は何のために勉強するの?」を考える意味

敗戦後、GHQは修身、日本歴史、地理の三教科の停止を命令する。歴史は、修身、地理同様に軍国主義、皇国史観に大きな影響を与えた教科と考えられた結果であった。しかし、それゆえ歴史教育は戦後新しいスタートを切ることにもなった。一九四六年五月に編集が開始された「国定」の歴史教科書は、新しい歴史教育の試金石ともなった。編集委員には、大日本帝国時代に「実証史学」の立場で研究を続けた家永三郎、大久保利謙《としあき》らが参加した。わずか四カ月の編集期間を経て教科書『くにのあゆみ』は発行されたが、「神話の扱い」などに対しマルクス主義者をはじめ多くの批判を受けた。『くにのあゆみ』は最初で最後の「国定」教科書となり、その後は教科書会社作成による「検定」教科書に移行することになる。

戦後の歴史教育において大きな課題となったのは、「社会科歴史」VS.「歴史独立論」の構図である。「社会科という教科の中で歴史を教えるべき」なのか「歴史は社会科とは別に独立して教えるべき」なのかという意見の対立である。日本国憲法における民主社会の形成者を育成するための歴史教育はいかにあるべきか。歴史学と歴史教育との関係はどうあるべきか。二つの問いは「歴史は何のために勉強するのか」の問いにもつながっている。

「歴史は何のために勉強するのか」――その答えは「私たち主権者が、歴史の事実に謙虚に学ぶことにより、国民主権・基本的人権の尊重・平和主義の三原則にもとづく社会を築いていく」ことにほかならない。

【学びを深めるために】

- 柴田義松・斉藤利彦編『教育史』学文社、二〇〇五年
- 斉藤利彦・佐藤学編『新版　近現代教育史』学文社、二〇一六年
- 山田朗編『歴史教育と歴史研究をつなぐ』岩波ブックレット七一二、二〇〇七年
- 松沢裕作『重野安繹と久米邦武』山川出版社、二〇一二年
- 福田喜彦『昭和戦前期初等歴史教育実践史研究』風間書房、二〇一二年
- 梅野正信『和歌森太郎の戦後史―歴史教育と歴史学の狭間で』教育史料出版会、二〇〇一年
- 梅野正信『社会科歴史教科書成立史―占領期を中心に』日本図書センター、二〇〇四年

3　近代日本一五〇年の歩みを考える

「明治」はすばらしい時代だったのだろうか

父孝明天皇の崩御を受けて天皇となった睦仁《むつひと》親王は王政復古の大号令を発し、一八六八年に長年都が置かれた京都から東京へと遷都を行った。まだ一六歳の青年だった。

それから一五〇年以上がたとうとしている。二〇一八年、日本では、「明治一五〇年」キャンペーンが政府を上げて行われた。

『明治一五〇年』の目的は、一つは日本の次世代を担う若い人たちに明治の精神を学んでもらうこと、二つ目は明治以降の歩みを次世代にのこすこと」だとしている（内閣官房「明治一五〇年」関連施策推進室）。明治から今に至る歩みを概観するというより、明治という時代がいかに偉大な時代だったのかを礼賛することが目的のようだ。

明治という時代（一八六八〜一九一二年）はそんなに偉大な時代だったのだろうか？　日本人にとっては日清戦争・日露戦争の時代と記憶され、清とロシアという大国に勝利をした輝かしい時代と言われる。しかし、明治が終わろうとする一九一〇年には天皇暗殺を企てたという無実の罪を着せられ幸徳秋水や管野須賀子ら多数の社会主義者が逮捕され、一二名が処刑される大逆事件が起きている。明治という時代は社会運動を弾圧し、自由と民主主義を抑圧し、軍国主義へと突き進む時代でもあった。

明治から現在までの一五〇年あまりの間のちょうど中間地点に第二次世界大戦における日本の敗北（一九四五年）がある。この敗北の前と後とでは日本の国家体制は大きく異なっている。

国際的地位が向上した時期として受け止められる「戦前」とはどんな時代だったのか。「戦後」は「戦前」とまったく断絶しているのだろうか。「戦前」から今に至るまで続いているものは？　一五〇年をどのように概観すればいいのだろうか。

「戦後」のない時代が人びとに何をもたらしたのか

日本が明治維新以降に行った対外戦争を列挙してみよう。

一八七四年　台湾出兵。日本人漂流民虐殺事件を口実にした台湾への軍事行動。
一八七五年　江華島事件。江華島での日本軍の無断測量によって起こった軍事行動。
一八九四年　日清戦争（〜九五年）。

一八九五年　台湾征服戦争。一八九五年の下関条約で日本領とされることになった台湾で日本の支配に抵抗した人びとに日本は七万六〇〇〇人の軍隊を派遣し、制圧した。
一九〇四年　日露戦争（〜〇五年）。
一九一四年　第一次世界大戦でドイツに宣戦布告。陸軍は中国山東省の青島攻略。海軍はドイツ領南洋諸島を占領（〜一九年）。
一九一八年　シベリア出兵（〜二二年）。ロシア革命への干渉戦争。
一九二七年　山東出兵（第一次から第三次まで。〜二九年）。日本人居留民保護を口実にした出兵。
一九三一年　満州事変（〜三三年）。関東軍による満州への軍事行動。
一九三二年　第一次上海事変。上海での日中両軍の衝突。
一九三七年　日中全面戦争（〜四五年）。
一九四一年　アジア太平洋戦争（〜四五年）。

これらを見てわかることは、一九四五年の日中戦争・アジア太平洋戦争の敗戦までに日本がいかに戦争をしていたかということだ。

戦争が終わっても次なる戦争がやってくる。「戦後」は「新しい戦前」であり、「戦後」と呼べるような平穏な時代はなかった。戦争がなかった時も、次の戦争を準備していたのであり、その戦争を支えたのはほかでもない日本国民だった。

明治維新から敗戦までは七七年であり、敗戦から現在（二〇二四年）までは七九年である。敗戦の年以降に生まれた子どもは先述のような対外戦争を一度たりとも経験をしていない。戦争に翻弄された時代を生きた人間と、戦争と無縁の時代を生きた人間とではどちらが幸せだろうか。人生のすべてにおいて戦争があった時代。それが少なくとも私たちの曽祖父母が生きた時代なのだ。遠い時代のようで、案外と近い。

しかし、「敗戦後」に生まれ、戦争を体験していない私たちにとっては、明治から一九四五年の敗戦までの社会の状況が簡単には想像できないものになっているというのが現状だ。戦争体験は年齢や性別、どこにいたか、何に従事していたかなど人によって大きく異なる。近年、オーラルヒストリー研究の発展によって、個人の戦場体験（戦争体験）に注目が集まっている。特に「戦争トラウマ」と呼ばれる日本軍兵士の心の傷と、その家族にもたらした虐待などの様々な行為がようやく社会問題として取り上げられるようになった。戦争が当たり前だった時代に生きた人びとの証言に耳を傾け、「栄光の時代」と賛美される時代の真実を見つめる必要があるだろう。

日本の敗戦がもたらしたもの

日本が明治維新以降繰り広げてきた戦争は、列強による植民地獲得のための帝国主義競争に乗り遅れまいとする中で起きた戦争だ。しかし、それは他国もやっていたからということによって日本の行為を正当化することはできない。

日本との戦争が続行中の一九四五年六月、連合国五〇カ国の代表がサンフランシスコに集まり、世界平和と民主主義を守り、人権を尊重することを明記した国際連合憲章に調印した。そこには、長年にわたる世界各国の民族独立運動を反映し、戦争目的に領土拡大を求めないこと、反ファシズムと民主主義、諸民族・諸国家の対等平等の原則が掲げられた。

一九四五年、米英中（後にソ連）は各首脳の名で日本にポツダム宣言を突きつけた。そこには、戦争犯罪者たちの権力と勢力を永久に取り除くこと、日本軍の武装解除、民主的な国家の建設などが盛り込まれていた。これが「戦後」の日本の骨格となった。

敗北した日本には連合国最高司令官総司令部（GHQ）が駐留し、ポツダム宣言に基づき、女性の解放、治安維持法の廃止、教育の自由主義化、労働組合結成の奨励、財閥解体、農地改革といった民主化を推し進めた。一九四七年には戦争放棄・基本的人権の尊重・国民主権を柱とした日本国憲法が施行されたことによって、日本は大日本帝国時代の軍国主義と決別し、平和で民主的な国家へと歩みを進めることになった。

日本国憲法をGHQからの押し付け憲法と評する人びともいる。しかし、制定の過程をたどっていくと、憲法の草案となったGHQ案は、憲法学者の鈴木安蔵らが中心となって新しい憲法を作ろうと結成した憲法研究会の草案や、自由民権運動の中で作られた憲法案などを取り入れたうえ、帝国議会で四カ月にわたる審議が行われ、いくつかの修正も行われ、一九四六年一〇月七日に成立し、同年一一月三日公布、翌四七年五月三日施行したものだ。毎日新聞が一九四六年五月に政府の憲法草案について行った世論調査でも、象徴天皇制支持八五％、戦争放棄支持七〇％、国民の権利義務支持六五％と新しい憲法の骨格をなす条項はすべて国民の高い支持を受けていたと言える。

日本が清算できていないもの

米ソの対立が深まる中で、ポツダム宣言で示された日本の占領原則は歪められ、アメリカの世界戦略に日本は従属させられていった。一九五〇年に勃発した朝鮮戦争を機に、後に自衛隊となる警察予備隊が発足させられ、そのさなかにアメリカの同盟国とそれに近い側の国との間だけで日本の国際社会復帰が決められていった。そして、サンフランシスコ平和条約が一九五二年に発効し、同時に日米安全保障条約が結ばれた。

この経過の中で、日本の侵略戦争と植民地支配の主要な相手だった中国・朝鮮との間では、長い間国交が成立せず戦後処理も未解決のままだった。日本の国際的な地位は、アメリカに従属することで保障され、日本の支配層は進んで対米従属の道を選んだ。そのため、日本政府は朝鮮戦争下の中国と朝鮮民主主義人民共和国を事実上の敵国とみなし、植民地支配時代に日本人とした在日朝鮮人の国籍を一九四七年に突然奪い、戦後補償はおろか基本的人権さえ保障しない扱いを行ってきた。

そして朝鮮戦争休戦直後の一九五三年一〇月に行われた池田・ロバートソン会談で、日本の軍事力を強化するために愛国心と自衛の精神を養うという約束をかわし、侵略戦争と植民地支配の事実を教科書から削除させる教科書検定が強化された。子どもたちが使う教科書において、日本の戦争や植民地支配のもとで行われた加害行為を記述させないことによって、中国・朝鮮（大韓民国・朝鮮民主主義人民共和国）への蔑視や敵視、侵略戦争と植民地支配への反省の欠如、戦争責任・戦後補償問題への無理解などの問題が生まれたと言える。そして今に至っても、植民地支配についての反省と責任は放置されたままになり、これがヘイトスピーチを生み出す温床になっているのだ。

また、沖縄は、敗戦後に米軍による施政が行われ、日本本土から切り離され、長期にわたり米軍の基地としての機能を担わされてきた。その結果、一九七二年の沖縄返還以後も米軍基地があるがゆえに不平等な状況が解決されないままであることも、第Ⅰ部1・10・15で見たとおり大日本帝国時代から沖縄に押し付けられてきた未精算の問題と言えるだろう。

再び戦争の時代をくり返さないために

二〇二二年二月、ロシアによるウクライナ侵略戦争がはじまった。日本政府は台湾有事を口実に、日本への武力攻撃の不安を煽りつつ、同年一二月一六日にアジアでの軍拡・戦争路線を急進展させる安保三文書〈註〉を閣議決定した。

二〇二三年一〇月、ハマスの武力攻撃への報復としてイスラエル軍がパレスチナのガザ地区を中心に民間人への無差別爆撃を実行し、物資やエネルギー源の供給の遮断とあいまって、無差別大量虐殺というべき事態となっている。

軍備を持つことは戦争への道を開くことにつながる。いったん戦争を始めれば止めるのは容易ではない。戦争を推進する人は戦争には行かない。行けと命令され、命を虫けらのように扱われるのは私たちだ。戦場ではこの世のものと思えない地獄が繰り広げられ、そこから逃げることは許されない。

明治維新以降、私たちは長い戦争の時代を経て、ようやく平和な社会を実現した。「戦後」の日本は、二度と戦争を繰り返さないという国民大多数の意思を土台にして、戦争放棄を定めた九条を大きな柱とした日本国憲法を制定したのだ。その結果、「戦後」このかた、表向きにはどこの国も攻撃せず、どこの国からも攻撃されることがなかったかに見える。

しかし、日本（特に沖縄）が朝鮮戦争やベトナム戦争でアメリカ軍の前線基地としての役割を果たし、敗戦後の経済復興がこれらの戦争による特需で回復したことを見過ごすわけにはいかない。九条があることによって「平和」を享受できた地域や人びとと、その埒外に置かれた人びとが厳然としてあるのだ。そして、それは現在に至ってもである。

また、朝鮮半島やベトナムから見れば、明らかに日本は自分たちを攻撃する側に立っていたのだ。作家の徐京植は、

「平和憲法のおかげで戦後の平和と繁栄が守られた」とか、「戦後七〇年間、憲法九条のおかげで一滴も血を流さないですんだ」といった言い方には、私は自己中心主義と欺瞞の匂いを嗅いでしまう。

私が憲法九条を守るべきだと主張する理由は、それが「日本国民」の平和を守ってきたから、ではない。それが、日本による侵略戦争の無数の犠牲者（連合国軍兵士や自国民のみならず、それに数倍する被侵略民族の人々）の血と涙で贖《あがな》われたものだからだ。

と指摘する（徐京植「憲法九条、その先へ――『朝鮮病』患者の独白」『日本リベラル派の頽落』高文研、所収）。

九条は日本が侵略した地域の人びとに対して、「わが国はもう二度と侵略しません。もう二度と武力で他国を脅かしません」という国際社会に向けた平和宣言であり、公約なのだ。

九条が日本の近代の歩みにおける最大の宝物と言えるとすれば、そこにこそ価値があるのではないだろうか。

だからこそ、私たちに求められていることは、大日本帝国時代の侵略戦争・植民地支配・国家体制・国民弾圧の事実を深く知り、九条の持つ意味や価値を再度考え、日本国憲法の理念を実現するための努力をしていくことだ。

一九八一年から、数十カ国の大学・研究機関が共同で「世界価値観調査」という各国国民の意識調査を行っているが、その中で「もし戦争が起こったら国のために戦うか」という問いがある。統計データ分析家の本川裕氏によると、二〇一七年からはじまった前回調査では「はい」と答えた人は日本では一三・二％で世界七九カ国の中で最低である。他国は日本よりはるかに多く三二〜九六％の間である（PRESIDENT Online 本川裕【「国のために戦いますか?」日本人の「はい」率は世界最低一三％…五〇歳以上の国防意識ガタ落ちの意外な理由】https://president.jp/articles/-/58391 二〇二二年六月八日。最終閲覧日二〇二四年一月三〇日）。日本人の大多数が戦争に忌避観を持っていると言える。戦争で命を落としたくないという気持ちは否定されるものではないだろう。

二〇二四年一月一九日、社会的に影響力のある右派のジャーナリストが自らのＳＮＳで「『あなたは祖国のために戦えますか』。多くの若者がNOと答えるのが日本です。安全保障を教えてこなかったからです」と投稿したところ（二〇二四年一月二〇日、https://x.gd/e8UZv）、「銃を持ち先頭切って戦いに行け」「率先して行け。人の命を軽んじるな!!」「戦争することを前提にしている時点で終わっている」「いかなる戦争にも、大義などない。戦争は決してしてはならない」という批判が相次いだ。ここには自らは戦場に行かずに戦争を煽る扇動者への嫌悪感が現れている。

大日本帝国時代はお国のために立派に死ぬことが素晴らしいとされたが、今の教育の目的は、「人格の完成を目指し、平和で民主的な国家及び社会の形成者」を育むことだ。教育基本法のどこにも国のために戦えという言葉はない。日本だけでなくアジアや世界の平和や友好を実現し、日本や国際社会の課題に非戦という立場から積極的に向き合っていく認識こそが必要なのだ。それが、過去に戦争国家として近隣諸国を侵略し続けた日本の平和への責任の取り方ではないだろうか。

〈註〉国家安全保障戦略と国家防衛戦略、防衛力整備計画の三文書が二〇二二年一二月一六日に同時に閣議決定された。岸田首相は二〇二三年一月二三日の施政方針演説で「防衛力の抜本的強化」において、「外交には裏付けとなる防衛力が必要」と説き、軍事力を背景に外交をすることを表明した。

【学びを深めるために】

- 歴史教育者協議会編『日本社会の歴史』（下）大月書店、二〇一二年
- 遠藤美幸『悼むひと―元兵士と家族をめぐるオーラル・ヒストリー』生きのびるブックス、二〇二三年
- 徐京植『日本リベラル派の頽落』高文研、二〇一七年
- ダニー・ネフセタイ『国のために死ぬのはすばらしい？』高文研、二〇一六年

4　歴史修正主義と歴史教科書
――教科書から消される「加害の事実」

家永教科書裁判の意義

一九六五年、家永三郎東京教育大学教授が国・文部省を提訴した。家永教科書裁判は、第三次まで三三年にわたって行われた憲法裁判であった。その背景には、一九五五年の「うれうべき教科書の問題〈註〉」として教科書攻撃が行われて以降、教科書検定が思想審査性を露骨に帯びるようになったことにある。

家永は高校日本史教科書として『新日本史』（三省堂）を執筆してきたが、一九六二年に五訂版の検定申請が不合格となった。そのため一九六三年に若干の修正をして再度検定申請をしたが、三二三カ所にわたる修正要求が付けられたうえでの条件付き合格となった。

アジア太平洋戦争の記述について、文部省は戦争の実相は暗く重苦しい悲惨なものであるにもかかわらず、戦争に協力していった人びとを明るく描かせようとした。これに対して家永は、一九六五年六月、現行の教科書検定制度は「検閲」であって違憲であり、表現・出版の自由を脅かし、学問の自由・教育の自由を侵し、教育への「不当な介入」であるとして、国家賠償請求を起こした。国家権力が教科書検定という強制力をもって、教育の場で基本的な教材である教科書に真実を記述することを妨げようとする行為を、家永は何としても許すわけにはいかなかったのである。

第一次訴訟の翌年の一九六六年一一月、家永は条件付き合格になるためにやむを得ず修正した六カ所の記述を復活させるために『新日本史』の部分改定を申請した。文部省はこれに対しても翌年検定不合格としたため、家永は文部大臣を相手に検定処分取り消しを求める行政訴訟を起こした。これが第二次訴訟である。

この文部省の「検閲」の背景について、家永は「日本人が日本国家あるいは日本国民の戦争責任に固執した責任追及を続けることに対し、それは自虐的に過ぎ、特に教育の世界で日本の非を教えることは祖国への嫌悪感を植え付け、愛国心を喪失させる結果をもたらすと非難する俗論が、社会の一隅からくり返し唱えられている」と述べている。日本の負の歴史を描くことを「自虐的」とする考え方に対して、「倒錯した『愛国心』」と家永は鋭く批判した。家永が提訴したのは、戦前世代に生まれ、多くの仲間が召集され、悲惨な死を遂げたにもかかわらず生き残ったことや、無謀な戦争を止める努力もしなかった自分を悔いたうえで、アメリカ従属の下で再び戦争に駆り立てる教育政策に抵抗しなかったなら、大きな後悔を繰り返すことになるという思いからだった。大日本帝国時代の、国家によって統制された教育の恐ろしさを痛感していた家永は、日中戦争・アジア太平洋戦争を美化することを良しとせず、教科書の内容に国家権力が介入してくることに絶対的反対を貫いた。家永の拠って立つところは憲法だった。

家永裁判の判決において画期的だったのは、第二次訴訟における杉本判決だ。一九七〇年七月、東京地方裁判所の杉本良吉裁判長は、日本における憲法裁判史上初めて、子どもの学習権、教師の教育の自由が憲法上保障されることを明らかにしたうえで、国（行政）による教育内容介入は、憲法・教育基本法上厳しい制約があり、家永教科書の不合格処分は、違憲・違法であるとし、不合格処分を取り消す判断を示した。この判決で教育は「子ども自らの要求する権利」とし、国民の教育を保障する立場から、国家が教育内容に介入することは許されないとした。そして、人間の価値は本来多様であり、国家は人間の内面的価値に中立であり、個人の内面に干渉し価値判断を下すことはしないとの判断により、国家ができるだけその自由を尊重してこれに介入するのを避けるべきとした。

家永教科書裁判への支援運動が広がっていく中、第二次訴訟の判決を前に政府や自民党、保守勢力は危機意識を強めた。一九八〇年一月から自民党機関紙『自由新報』が「いま教科書は―教育正常化への提言」の連載を開始するなど再び教科書が偏向していると攻撃を開始した。文部省はこれを機に「削る検定」から「書かせる検定」へと検定を強化していった。

一九八二年六月、文部省が一九八三年度から使われる高校教科書の検定結果を発表した。新聞が南京大虐殺の事実の歪曲や日本の「侵略」を「進出」と書き換えさせたと大きく報道したことにより、東アジア・東南アジア諸国から批判の声が上がり、教科書検定が外交問題に発展した。日本政府は、中国・韓国政府に正式に謝罪し、文部省は教科書検定基準に「近隣のアジア諸国との間の近現代史の歴史的事象の扱いに国際理解と国際協調の見地から配慮がなされていること」という、いわゆる「近隣諸国条項」を付け加えた。しかし、この決着のつけ方は決して日本が主体的に行ったのではなく、あくまでも近隣諸国からの要請があったからにほかならない。しかも、政府の責任で是正するという形にしたことは、教科書記述に関する政府の介入を許すという禍根を残すことになった。

その後も家永の教科書『新日本史』には執拗な検定意見がつけられていた。家永は、一九八四年一月東京地方裁判所に国家賠償請求訴訟を提訴した（第三次訴訟）。新たな提訴では、検定意見の中から八カ所の記述に絞り込んで、各個別の検定が違憲として出された。その八カ所とは「草莽隊」「親鸞」「日本の侵略」「南京大虐殺」「朝鮮人民の反日抵抗」「日本軍の残虐行為」「731部隊」「沖縄戦」だった。

具体的にどのような意見がつけられたのか、沖縄戦の記述について紹介する。

原稿本では、「沖縄戦は地上戦の戦場となり、約一六万人もの多数の県民老若男女が戦火のなかで非業の死をとげたが、そのなかには日本軍のために殺された人も少なくなかった」とあるのに対し、調査官は「一般市民の場合は、やはり集団自決というのがいちばん多いので、それをまず第一に挙げていただきたい」と主張している。

最終的に合格となった記述は「約一六万の県民の老若男女が砲爆撃にたおれたり、集団自決に追いやられたりするなど、非業の死をとげたが、なかには日本軍に殺された人々も少なくなかった」であった。

沖縄戦に関しては、当初から家永の記述自体も少なく、沖縄戦の実相を十分表しているとは言えない。しかし、短い行間に「日本軍に殺された人も少なくなかった」と書くことによって沖縄戦が住民を守るための戦いではなかったことを伝えようとしていた。ところが、文部省は、「集団自決」を第一に書かせることに執着した。それは、沖縄戦による住民の死が自発的に国のために命をささげた崇高な死であったことを印象づけようとするものだった。「集団自決」の都合のいい部分だけを切り取った歴史歪曲と言わざるを得ない。検定を強化する文部省の姿は、第一次・第二次訴訟でも問題になった「戦争を明るく描け」という検定意見と何ら変わっていないことを明らかにした。

家永第三次訴訟は、一九九七年八月の最高裁第三小法廷における大野判決をもって終了した。大野判決は、検定制度自体は合憲としながらも、歴史的意義がある判決だった。大野は、ヴァイツゼッカー・ドイツ連邦大統領などの言葉を引用して以下のように述べた。

　我が国が近現代において近隣諸国の民衆に与えた被害を教科書に記述することは特殊なかたよった選択ではなく、また自国の歴史を辱めるものでは決してない。「過去に目を閉ざす者は結局のところ現在にも盲目になります。非人間的な行為を心に刻もうとしない者は、またそうした危険に陥りやすいのです。」（永井清彦編訳・ヴァイツゼッカー大統領演説集）という見解を我が国高等学校の日本史教科書検定において排除しなければならない理由を私は知らない。

しかし、一方で歴史事実の認定を司法が行うことによって歴史事実が確定されることについては、歴史学研究者や歴史教育者にとって首肯しがたい問題でもある。

この裁判の法廷でのやりとりによって、先述の沖縄戦だけでなく、日本の加害や植民地支配の事実について具体的な認識が広がり、戦争責任や戦後補償の問題が社会に提起された。家永教科書裁判が教科書における日本の加害の事実などに関する記述を大きく前進させたと言える。

一方、沖縄戦の記述に関して、慶良間諸島における「集団自決」は軍の命令によるものではなく住民の自発的な意思で起きたものであるとして、日本軍の元戦隊長らが裁判を提訴したことを機に、二〇〇七年に高等学校の日本史教科書から沖縄戦の「集団自決」の記述における軍の強制といった語句が削除修正される事態が起きた。この検定が第一次安倍政権のもとで起きたことを忘れてはならない（本書一三四頁参照）。

政府による教育介入

一九九三年八月、「慰安婦」の連行や管理に日本軍の「強制」があったことを公式に認めた「河野談話」が発表された。これを機に、一九九七年度の中学校教科書のすべての中学校歴史教科書（七社）に「慰安婦」記述がなされた。

一九九七年二月、安倍晋三氏らは「日本の前途と歴史教育を考える若手議員の会」を結成し、「新しい歴史教科書をつくる会」や『産経新聞』などのメディアと連携して、「慰安婦」を記述した現行の教科書は「自虐史観」によるものであって、教科書に載せるべきではないというキャンペーンを展開していった。

一九九七年五月、憲法改正を目指す「日本会議」が結成され、日本会議国会議員連盟が発足すると、彼らは積極的に教科書問題にかかわっていくようになった。

二〇〇六年九月、第一次安倍政権が誕生し、一二月には「教育基本法（一九四七年公布）」を改正した。

一九四七年教育基本法前文には、「個人の尊厳を重んじ、真理と平和を希求する人間の育成を期するとともに、普遍的にしてしかも個性ゆたかな文化の創造をめざす教育を普及徹底しなければならない」と、教育の機会均等、平和的民主主義的教育の実施などが明文化された新教育の方向性が示されていた。大日本帝国時代の忠君愛国の教育への反省から、「個人の尊重」「平和的な国家及び社会の形成者」「個人の価値」「自主的精神」などが教育の目的と位置づけられた。個人の権利として教育をとらえたものが一九四七年の教育基本法と言える。また、教育基本法では、憲法の「理想の実現は、教育の力にまつべきもの」とし、教育に対して憲法の理念を実現すべき重要な役割を担わせた。

一方、改正教育基本法では、第一条の教育の目的とは別に第二条には教育の目標として、五つの項目が掲げられ、「豊かな情操と道徳心を培う」「伝統と文化を尊重し」「我が国と郷土を愛する」といった内容が盛り込まれた。これらの文言は、もとは学習指導要領の道徳の中にあった項目だ。それが教育の憲法と呼ばれる教育基本法に盛り込まれることによって、道徳の目標が教育の目標となったのだ。

安倍元首相にとって、新しい教育基本法によって、「日本人」として国を愛する国民をつくることと、日本人の誇りを失わせると安倍氏が認識している加害の歴史を教科書から削除することは通底している。安倍元首相の思いを最も端的に表しているのは、二〇一五年に出された戦後七〇年談話である。そこには具体的な加害の事実に一切触れずに、「日本では、戦後生まれの世代が、今や、人口の八割を超えています。あの戦争には何ら関わりのない、私たちの子や孫、そしてその先の世代の子どもたちに、謝罪を続ける宿命を背負わせてはなりません」と、過去の歴史を葬り去ろうとする姿勢が表れている。

一九四七年教育基本法の第一〇条には、「教育は不当な支配に服することなく、国民全体に対し直接に責任を負って行われるべきもの」とあるのに対して、改正教育基本法では第一六条で「教育は、不当な支配に服することなく」の後の「国民全体に対し直接に責任を負って」の部分を削除し、「この法律及び他の法律の定めるところにより行われるべきものであり、教育行政は、国と地方公共団体との適切な役割分担及び相互の協力の下、公正かつ適正に行われなければならない」という文言を付加している。これは、国や地方自治体が不当な支配の主体となりうる可能性を捉えず、国や地方自治体が法や条例などをつくることで教育の内容に踏み込む危険性を生じさせている。

改正教育基本法は、一九四七年教育基本法にある憲法の理念に基づき個人が重んじられる教育から、国家主義的で個人より日本人としての価値観を重んじる教育へと舵を切り、教育の内容に国家がより踏み込んでいくためのものと言えるのではないだろうか。改正教育基本法の第二条で教育の目標として、国家として教育で身につけさせたい具体的内容が決められていることがすでに国家が教育内容を決めるということを宣言しているに等しい。

二〇一三年、第二次安倍政権のもとで教育再生実行会議が発足し、道徳の教科化、教育委員会改革などを次々と打ち出した。安倍首相は「強い日本を取り戻していくため、教育再生は不可欠」と力説し、トップダウンで教育政策を実施していった。

その改革のひとつが、二〇一四年に出された「義務教育諸学校教科用図書検定基準及び高等学校教科用図書検定基準の一部を改正する告示」である。これによって、検定基準に――

(2)未確定な時事的事象について断定的に記述していたり、特定の事柄を強調し過ぎていたり、一面的な見解を十分な配慮なく取り上げていたりするところはないこと。

(3)近現代の歴史的事象のうち、通説的な見解がない数字などの事項について記述する場合には、通説的な見解がないことが明示されているとともに、児童又は生徒が誤解するおそれのある表現がないこと。

(4)閣議決定その他の方法により示された政府の統一的な見解又は最高裁判所の判例が存在する場合には、それらに基づいた記述がされていること。

が付け加えられた（(1)は省略）。

これは、戦争中の加害の歴史などについて、政府の主張どおりの内容を教科書に載せるために作られたものであり、南京大虐殺などを念頭に置いたものだ。「通説的見解」など基準は不明確で、教科書会社を萎縮させるなど、日本弁護士連合会も「過度の教育介入で子どもの学習権を侵害する恐れがある」と指摘している。歴史教科書の記述を政府の意に沿うようにさせることが狙いだ。安倍政権は、教育に自らの意思がストレートに反映するように制度を作っていったのだ。

今ここまで来ている教科書問題

二〇二一年四月二七日、菅内閣は、「従軍慰安婦」という表現は不適切であり、「慰安婦」とするのが適切であるという答弁書を閣議決定した。これは、馬場伸幸衆議院議員（日本維新の会）が「従軍慰安婦」という用語が、「あたかも女性たちが強制的に連行され、軍の一部に位置付けられていたとの誤った理解を日本国内のみならず国際的にも与えてしまっている」から、「今後この用語を政府として用いることは適切でない」という質問主意書に答えたものである。

五月一〇日の衆議院予算委員会で、菅首相は「教科書の検定基準は閣議決定その他の方法により示された政府の統一的な見解が存在している場合は、それに基づいて記述されることになっている」と答弁した。同月一二日の衆院文科委員会でも文科省の串田政府参考人が「今年度の教科書検定より、『いわゆる従軍慰安婦』との表現を含め政府の統一見解を踏まえた検定を行っていきたい」と述べた。

閣議決定に基づいて教科書の記述が変えられるということの根拠となっているものが、先述した検定基準の変更である。時の政府が学問研究を無視して、国策のもとに教科書記述を左右していった大日本帝国時代の国定教科書を彷彿とさせるものだ。河野談話を引き継ぐと言いながら、事実上骨抜きにし、閣議決定をたてに、いったん検定を合格した教科書記述を訂正させようということが狙いだ。

その結果、「従軍慰安婦」については中学校の一社、高校の多くの教科書会社が削除の訂正要請をした。また、二〇二二年三月末に検定結果が発表された高校の教科書や、二〇二四年三月に検定結果が発表された中学校の教科書にも影響が表れている。

教科書は、研究者が事実による検証を行い、様々な議論を重ね、そこで学説として認められたものが、子どもたちの発達段階に即して記述されるものであり、学問研究の成果の多年にわたる蓄積を基礎とするものだ。歴史研究の専門性を持たない政治家たちが、学問研究に基づいて記述された内容を閣議決定という手段によって恣意的に捻じ曲げることは、学問の自由を踏みにじり、子どもの学習権を奪う行為にほかならない。

歴史研究者の吉田裕は、「加害に対する記述が弱まったことは問題な上に、歴史的評価を含む用語を閣議決定で政府見解として書き換えさせれば、執筆者は抵抗できない。検定制度の形骸化につながる」と批判している（『東京新聞』二〇二一年三月三〇日付）。

〈註〉一九五五年八月、日本民主党は『うれうべき教科書の問題』というパンフレットを発行して、教科書が偏向しているとキャンペーンを行った。このパンフレットには、「いまや、日本の教育が、国民の気がつかないところで、教科書を通じて、くずれ去りつつあることが、あきらかにされた」として、日本で使われている教科書を「赤い教科書」と表現し、日本共産党と日本教職員組合が工作して「おそるべき偏向」教育が行われていると記述している。教科書検定制度から国定制度への回帰をめざすものと言える。これが、この後数度にわたる教科書攻撃の源流となる。これに対して、同年一〇月には日本学術会議学問・思想の自由委員会が日本民主党に警告を出した。

【学びを深めるために】

- 平井美津子『教科書と「慰安婦」問題—子どもたちに歴史の事実を教え続ける』群青社、二〇二一年

あとがき

近現代史を学ぶということは何を意味するのだろう?

この本で取り上げた近現代に起きた様々な出来事は、日本にとっては不都合なものや、いまだ解決を見ていない問題が多い。いまなお解決が先延ばしにされたり、事実そのものがうやむやにされたり、あったことを無かったことにしようとする歴史事象がこれだけあるのだ。解決していない以上、それは過去のものではない。近現代における植民地支配責任や戦争責任、沖縄やアイヌの問題、公害病や被ばく者、女性の平等の問題は現在も進行形の問題なのだ。

この本を読むことによって、ひっかき傷のようなものやのどに小骨が刺さったような感じを受けた人もいるのではないだろうか。筆者としてはそうあってほしいと思っている。

日本の近現代史における問題を知った人間には、そこから新たな責任が生じる。それは近現代史において未解決の問題をどうしたら解決に導くことができるかを考えることだ。もちろんその責任を果たすのは政府だ。しかし、今を生きる私たちにもこの国の主権者としてその解決の責任の一端が委ねられているのではないだろうか。

二〇一三年のことだ。当時アメリカのボストンに留学していた教え子から突然メールがやって来た。

先生、お元気ですか？

先生へのお願いがあります。

アメリカがアフガニスタンやイラクに酷い戦争行為をしてきたことは、ニュースや新聞で周知のはずです。最悪です。この戦争で日本がアメリカの子分のような役目を果たしていることをみんな分かってるんかな……。

私たち若い世代に、そんな問題について「問題提起」することが先生の役目です。

「なぜこの問題が起こってるのか知りたくないか？　自分たちは無関係ではないですよ」と、私たち若い世代に社会問題を考えることの大切さを説いてもらいたいのです。問題の解決策を先生が説くのではなく、問題を投げてください。私たちみんなで一緒に考えましょう。

これまでの歴史を学べば、これから日本が進んでいく道が見えてくるはずです。それは本当の意味での愛国心に繋がると思っています。

でも、その役目は自分にはできません。知識が乏しいからです。

本題です。

「平井先生の教養講座」を始めましょう。

どうですか？

まずは卒業生だけで始めて、内容の充実とともに輪を広げましょう。平井先生の使命です。先生が持っている責任を自分たちの世代にバトンタッチする時が必ず来ます。その時のために「考える力」が必要なんです。そのために学ぶべきだと思います。無知ではだめなのですから。

先生は誰もが知りたくない真実を知って世の中を変えようとしている、自分の周りでは稀有な存在です。他人に当事者性を持ってもらうのはむずかしいです。僕もアメリカに来て悩んでいます。

この呼びかけに応えて、教え子たちを対象にSNS上で歴史や政治に関する講座を開いた。教え子たちも就職や結婚をし、筆者も忙しさにかまけて、いつの間にか投稿をしなくなって久しい。しかし、「これまでの歴史を学べば、日本が進んでいく道が見えてくる」という教え子の言葉は今も筆者の中に突き刺さっている。そして、この教え子と同じようにこれからの日本の進む道を考えるうえで、そして世界の平和の実現を目指すうえで、歴史を学びたいと思っている人も少なくはないだろう。この本を上梓するにあたり、教え子から出された宿題をようやく提出し終えたような気がする。

そして、これを読んだみなさんと近現代の日本の歴史についてともに学びあい、これからの展望を語り合いたいと願います。

最後に、学年は違えど共に立命館大学で歴史学を学びあった共著者の山元研二さん、編集者の真鍋かおるさんに心から感謝します。

二〇二四年六月二五日

平井　美津子

本書執筆分担表

はじめに	山元
prologue1　なぜ「近現代史」を学ぶことが重要なのか	山元
prologue2　なぜ「近現代史」を教えることは難しいのか	平井
column　狙われた「慰安婦」問題の授業	平井
第I部　これだけは学んでおきたい「近現代史」	
1　「北は北海道から南は沖縄まで」——植民地帝国を目指した明治維新	山元
2　征韓論・脱亜論——隣国・隣人へのまなざし	山元
3　日清・日露戦争は「日本を守る戦争」だった？	山元
4　韓国の植民地化——「韓国併合」の実態を知る	平井
5　3・1独立運動——「独立宣言」の世界史的意義を知る	平井
6　関東大震災と朝鮮人虐殺	平井
7　中国侵略戦争①　傀儡国家「満州国」——五族協和・王道楽土の実態	山元
8　中国侵略戦争②　南京大虐殺を記憶する	平井
column　日中の架け橋になった人びと	平井
9　「慰安婦」問題ってなんだろう	平井
10　〝捨て石〟作戦の島①　沖縄戦とはどんな戦争だったのか	平井
column　「集団自決」をめぐって起きた裁判	平井
11　特　攻——必ず死なないといけない作戦	山元
12　孤児になった子どもたち	平井
13　戦没者の慰霊と「靖国問題」	山元
14　「戦争は終わっていない」ってどういうこと？——戦後補償問題とは何か	山元
column　徴用工問題とは何か	山元
15　〝捨て石〟作戦の島②　軍事植民地としての沖縄	平井
16　戦争に反対するって当たり前じゃないの？——非戦の系譜	山元
17　「富国強兵」「殖産興業」は公害のはじまり	山元
column　公害は終わっていない	山元
18　ハンセン病問題から何を考えたらよいのか	山元
19　政治参加を求めた女性たち	平井
20　核のない世界へ	平井
第II部　歴史教育と歴史学	
1　学校の誕生と教科書の役割	山元
2　なぜ「歴史」を学ぶのか	山元
3　近代日本150年の歩みを考える	平井
4　歴史修正主義と歴史教科書——教科書から消される「加害の事実」	平井
あとがき	平井

平井美津子（ひらい みつこ）

大阪府出身。立命館大学文学部史学科日本史学専攻卒業。奈良教育大学大学院教育学研究科修士課程修了。大阪府公立中学校教諭、大阪大学・立命館大学非常勤講師。子どもと教科書大阪ネット 21 事務局長。大阪歴史教育者協議会常任委員。

著書：『「慰安婦」問題を子どもにどう教えるか』（高文研。韓国に続き、台湾で翻訳出版の予定）、『教科書と「慰安婦」問題―子どもたちに歴史の事実を教え続ける』（群青社）、『原爆孤児―「しあわせのうた」が聞こえる』（新日本出版社）、『サンフランシスコの少女像―尊厳ある未来を見つめて』、『教育勅語と道徳教育―なぜ、今なのか』、『生きづらさに向き合うこども―絆よりゆるやかにつながろう』（以上、日本機関紙出版センター）ほか。

共編著書：『事典　太平洋戦争と子どもたち』、『戦争孤児たちの戦後史』第一巻、第二巻（以上、吉川弘文館）、『観光コースでない京都』（高文研）、『歴史学入門』（昭和堂）、『植民地化・脱植民地化の比較史―フランス－アルジェリアと日本－朝鮮関係を中心に』（藤原書店）、『ひろがる「日韓」のモヤモヤとわたしたち』（一橋大学加藤圭木ゼミ、大月書店）ほか。

山元 研二（やまもと けんじ）

鹿児島県種子島出身。立命館大学文学部史学科日本史専攻卒業。鹿児島大学大学院教育学研究科教科教育専攻社会科教育専修修了。1987 年 4 月より 2022 年 3 月まで鹿児島県公立中学校の社会科教師。現在、北海道教育大学釧路校教授。歴史教育、人権教育、平和教育を研究テーマとしている。

単著：『「西郷隆盛」を子どもにどう教えるか』『「特攻」を子どもにどう教えるか』（ともに高文研）

共著：『教師は何からはじめるべきか』（教育史料出版会）、『実践いじめ授業』『実践ハンセン病授業』（ともにエイデル研究所）、『教科書から消される戦争』（週刊金曜日）、『選択社会科を 10 倍豊かにする授業づくり』（明治図書）、『石碑と銅像で読む近代日本の戦争』（高文研）、『地域の中の軍隊　九州・沖縄編』（吉川弘文館）、『交流史から学ぶ東アジア　食・人・歴史でつくる教材と授業実践』（明石書店）ほか。

論文：「戦後補償問題に関する授業開発の研究―地域から世界を　過去から現在を考える―」「判決書教材を活用した戦後補償の授業―『慰安婦』問題を素材として」（『社会科教育研究』）、「人権教育の視点から考えるハンセン病問題の授業開発」（『学校教育研究』）ほか。

「近現代史」を子どもにどう教えるか

●二〇二四年 七 月三〇日――――――第一刷発行

著　者／平井 美津子・山元 研二

装　幀／中村くみ子

発行所／株式会社 高文研
東京都千代田区猿楽町二―一―八
三恵ビル（〒一〇一―〇〇六四）
電話03＝3295＝3415
http://www.koubunken.co.jp

印刷・製本／精文堂印刷株式会社

★万一、乱丁・落丁があったときは、送料当方負担でお取りかえいたします。

ISBN978-4-87498-887-9　C0037